URSULA OTT

Das Haus meiner Eltern hat viele Räume

URSULA OTT

Das Haus meiner Eltern hat viele Räume

Vom Loslassen,
Ausräumen und
Bewahren

btb

INHALT

KAPITEL 1

Vorwärts fest den Schritt

Wie unsere Familie beschloss, das Elternhaus
aufzugeben. Und was uns dabei Mut gemacht hat.

Mir ist kalt. Es ist Ende Oktober, und der Wetterbericht behauptet: zu warm für die Jahreszeit. Wetterbericht können wir aber gar nicht mehr gucken, die Tagesschau auch nicht, der Fernseher ist schon verschenkt ans Flüchtlingsheim. Aber als wir das letzte Mal mit Mutters altem Mercedes zum Haus gefahren sind, haben wir im Autoradio gehört: Es wird 18 Grad warm und sonnig werden an unserem Umzugstag. »Das ist gut«, sagt meine Mutter, »dann kommen wir morgen gut durch auf der Autobahn und sind vor den Umzugsleuten in Stuttgart.«

Aber ist wirklich alles gut? Die Wände hallen, weil alle Teppiche weggepackt sind und nur noch eine eichene Schrankwand steht. Leer steht sie da, wie ein Gerippe. Da, wo Papas Modellautos fünfzig Jahre lang im Regal standen, ist jetzt ein heller Abdruck im Holz. Mir ist flau im Magen, und mich fröstelt es. Wir sitzen zu zweit auf der Campingmatratze, die uns die Nachbarin geliehen hat für die letzte Nacht im alten Haus. Meine Mutter springt auf, obwohl sie mit 87 deutlich schlechtere Kniegelenke hat als ich mit meinen 53 Jahren. »Ich mach uns eine Wärmflasche.« Aber das geht ja gar nicht. Der Wasserkocher ist zwar noch da, den schenken wir der Putzfrau, die morgen durchwischen wird. Aber die alte blecherne Wärmflasche ist in einer Umzugskiste verpackt. Bloß in welcher?

Morgen früh wird der Umzugswagen kommen, der Esstisch, Fernsehsessel, Kaffeetassen mit Goldrand und siebzehn Fotoalben aus unserem Elternhaus abholt. Streng genommen ist es schon gar nicht mehr unser Haus. Wir haben es verkauft, entschieden, beschlossen und besiegelt von einem Notar – nachdem es über fünfzig Jahre im Besitz der Familie war. Wir haben es verkauft, weil keines der Kinder im Haus wohnen wird. Längst sind beide Töchter weit weggezogen, haben ihre eigenen Wohnungen in anderen Städten. Haben geheiratet, sich scheiden lassen, sind krank geworden und wieder gesund, sind ins Ausland gegangen und wieder zurückgekommen. Alle haben ihr eigenes Leben, weit weg von der Heimat.

Wir haben es zusammen entschieden, beschlossen und besiegelt. Die Mutter und die beiden erwachsenen Töchter. Auch die Enkel, beinahe volljährig, sind damit einverstanden. Jahrelang, jeden Sommer, haben sie ihre Ferien hier verbracht. Es war schön, wunderschön, aber jetzt fängt ein neuer Abschnitt an. Und immer wieder haben wir uns gesagt: Papa, längst tot, fände es auch richtig. Die Vernunft spricht dafür. *Und vorwärts fest den Schritt.* Und doch wissen alle, die Mutter, die Töchter und die Enkel: Das Herz wird schwer werden.

Vergesset, was dahinten liegt / Und Euern Weg beschwert / Was ewig Euer Herz vergnügt / Ist wohl des Opfers wert.

Wir sitzen in der Kirchenbank und hören diese Zeilen. »Vergesset, was dahinten liegt« – eine richtige Motivationshymne ist das. Der Lieddichter August Hermann Francke schrieb es im Jahr 1889. Interessant, dass wir ausgerechnet ein Francke-Lied singen an diesem Sonntag. Der Theologe etablierte das gemeinschaftliche Singen als reguläres Schulfach in seinen für damalige Zeiten vorbildlichen Schulen und Waisenhäusern. Diese »Singestunden«, so der unermüdliche Francke, »fördern die Gemeinschaft und dienen der spirituellen Erhebung«.

Als der Schulstifter und Sozialreformer das Lied Nummer 394 schrieb, war er bereits schwer an einer

Lungenentzündung erkrankt. Aus Überanstrengung. So fühlen wir uns auch, an jenem Herbsttag 2017: nicht so sehr »spirituell erhoben«. Sondern angestrengt. Denn natürlich vergisst man nicht mal so eben, was »dahinten liegt und unsern Weg beschwert«. So wird es dem Theologen damals gegangen sein, drum dichtete er dagegen an. So geht es uns heute, drum singen wir dagegen an.

Ein Jahr lang haben wir aufgeräumt. Unser Haus. Unsere Kindheit. Unsere Familie. Ganz viele machen das im Moment. Kein Klassentreffen ohne die Frage: Und wo schläfst du heute Nacht? Habt ihr noch das Haus? Keine Managerinnentagung, kein Journalistentreffen ohne das Thema: und deine Mutter? Lebt sie noch im Haus? Kann sie die Treppen noch gehen, den Rasen noch mähen? Fährt sie noch Auto? Ach, sie ist gefallen. Die steile Kellertreppe. Ach je. Das Haus.

Ich bin Jahrgang 1963, geburtenstark. Sehr geburtenstark. Immer, wenn in meinem Leben etwas passierte, passierte es noch Millionen anderen. Nein, nicht nur, weil unsere menschliche Psyche selektiv wahrnimmt: Wer schwanger ist, sieht nur dicke Bäuche; wer sich einen Apple-Computer kauft, sieht überall den Apfel auf dem silbernen Laptop-Deckel; und wer für einen Triathlon trainiert, sieht überall Rennräder.

Nein, wir sind wirklich viele: Söhne und Töchter, die inzwischen in ihren Fünfzigern unterwegs sind. 1963 und 1964 sind die geburtenstärksten Jahrgänge der Nachkriegszeit. Bis heute. Wir heißen Babyboomer. Als wir in die Schule kamen, quengelten mit mir zweiundvierzig aufgeregte ABC-Schützen in der Mehrzweckhalle Weissenau. Als wir an die Uni kamen, quetschten sich bei der Einführungsvorlesung an die tausend Studierende auf die Heizung und unters Waschbecken. Als wir unsere Kinder bekamen, hatte offenbar niemand die Geburten der Geburtenstarken vorhergesehen. Es gab viel zu wenig Krippenplätze. Und jetzt, da wir unsere Kinder irgendwie durchs defizitäre Bildungssystem geschleust haben und hinaus in die Welt schicken – jetzt hat meine Generation eben dieses eine Thema: Was wird aus den alten Eltern – und was machen wir mit deren Haus?

Viele von uns wohnen inzwischen weit weg von den Eltern. Für einige kann es eine Option sein, jetzt zurückzugehen in die Heimat, ins Elternhaus. Meine Eltern hatten sich das seinerzeit gewünscht: dass wir eines Tages in dieses Haus wieder einziehen. Und in der Straße, in der unser Haus steht, hatten alle Nachbarn irgendwann einmal diesen Wunsch. Damals, Ende der Sechziger, Anfang der Siebziger Jahre.

Aber für die meisten hat sich das Leben inzwischen anders entwickelt. Wir sind in andere Teile der Welt gezogen, wir haben ein anderes Leben geführt, als es die Erwartung, die in die Grundsteine des Elternhauses verbaut wurde, vorgesehen hatte. Wir wollen nicht zurück. Und dennoch wollen wir die Eltern gut versorgt wissen. Gut fünfzig Jahre, nachdem die Häuser in unserer Straße gebaut worden sind, gibt es nur in einem einzigen Haus in der ganzen Nachbarschaft den Generationenwechsel, den sich die Eltern damals vorgestellt hatten. Nur in einem Haus wohnen jetzt »die Jungen«. Alle anderen kommen nur zu Besuch. Aus München, aus Berlin, aus Avignon, es hat uns weit hinausgetrieben in die Welt.

Also – vorwärts fest den Schritt. An diesem Sonntag jedenfalls fühlt es sich richtig an, den Schritt zu gehen. Denn wir haben uns Zeit genommen. Zeit für die Mutter, um auszuprobieren, ob sie den Schritt wirklich schafft, der sich doch eher anfühlt wie ein Sprung: vom großen Haus in eine kleine betreute Wohnung. Vom vertrauten kleinen Dorf in die große Stadt. Nach Stuttgart, näher bei den Töchtern.

Ein Jahr Zeit aber auch für uns Töchter, die Dinge unserer Kindheit noch mal genau anzuschauen. Wir hätten einfach ausräumen lassen können, entrümpeln, entsorgen. Aber so war es für die Seelen einfacher nachzukommen. Diese Puppe noch mal in die Hand nehmen und jenes Fotoalbum. Verstehen, wo wir selber herkommen, damit wir befreiter einbiegen können in die nächste Kurve unseres Lebens.

Aber klar ist auch: Jetzt gibt es kein Zurück mehr.

Für meine Mutter nicht – sie muss es jetzt wirklich schaffen im neuen Zuhause. Für mich nicht. Sollte mich Arbeitslosigkeit, Scheidung oder plötzliche Armut überfallen – ich kann nicht mehr zu Hause unterschlüpfen. Ich fürchte, ich muss jetzt wirklich erwachsen werden. Meine Mutter und ich, wir singen jetzt laut. Sehr laut.

KAPITEL 2

Schwindel im Kletterpark

Wie man sich lange dagegen wehren kann. Und dann doch erkennt: Wir müssen uns vom Elternhaus trennen.

Ein Jahr zuvor. November 2016. Eine Umzugsfirma, die auf Seniorenumzüge spezialisiert ist, schickt uns einen kleinen Transporter. Einen Ford Transit, den kleinsten aus der Fahrzeugflotte. »Ist nur zur Probe mit dem Umzug«, erklärt meine Mutter den Arbeitern, die nur einen Tisch, zwei alte Stühle und das Bett einpacken sollen. Und ein paar alte Töpfe. Den am besten deutschsprechenden Möbelpacker nimmt sie sich extra zur Brust: »Gucken Sie sich gut um hier, Sie müssen mich in einem Jahr wieder zurückbringen, wenn es nicht klappt.«

Zur Probe? Mit 87? Ob man da noch viel ausprobieren kann? Ja, man kann. Unsere Eltern sind ja nicht wie wir zehnmal im Leben umgezogen. Woher sollen sie denn wissen, ob ein Neuanfang gelingt? »Ich probier das mit Stuttgart«, sagt meine Mutter allen, die ungläubig fragen, ob sie wirklich, wirklich das schöne Haus verlassen wolle. Ein Haus! In der Nähe vom Bodensee! Nach fünfzig Jahren? Das macht man doch nicht! Die Vokabel »probieren« klingt wie eine Besänftigungsformel.

Im Nachhinein entpuppte sich das Jahr »Probezeit« als die beste Idee von allen. Schon allein, weil sie signalisierte: Das Leben ist nicht vorgezeichnet. Man kann es gestalten, selber entscheiden, auch wenn oft Krankheiten, finanzielle Nöte oder sogar Todesfälle mitspielen. Im hohen Alter sind nicht mehr alle Optionen offen. Aber man kann noch eigene Entscheidungen fällen. Ein gutes Gefühl. Man nennt es Freiheit.

Ganz freiwillig ist es allerdings nicht, das Probejahr. Es ist der Kompromiss zwischen uns dreien.

Meiner Mutter, die entschieden hat, auszuziehen – aber mit jedem Tag, an dem der Termin näherrückt, Respekt vor der eigenen Courage bekommt.

Meiner älteren Schwester, die sich voller Tatendrang um die neue Bleibe gekümmert hat, um Mietverträge, Kautionen und Pflegevereinbarungen – aber doch innig verbunden ist mit dem Haus, sogar noch ein perfekt eingerichtetes Mädchenzimmer dort hat, mit Enid-Blyton-Büchern im weißen Schleiflackregal und Fotos vom Landschulheim an der Wand.

Und mir, die ich am liebsten eine schnelle Entscheidung gehabt hätte – aber verstehe: Wenn die Mutter sich schnell entscheiden muss, sagt sie Nein. Und dann reden wir wahrscheinlich erst dann wieder über das heikle Thema, wenn ein Notfall eintritt. Ein Knochenbruch, ein Autounfall. Also lieber jetzt zur Probe das Haus räumen. Lieber jetzt, wo sie noch weitgehend gesund ist. Lieber so lange pendeln zwischen dem alten und dem neuen Leben, bis alle so weit sind, einen gemeinsamen Schnitt zu machen.

Wann ist nun der richtige Zeitpunkt für den Abschied vom Elternhaus? Nun ja: Es gibt ihn nicht. In vielen Fällen bleiben die Eltern zu lange zu Hause und lassen sich nicht helfen – bis die ganze Fassade aus unzähligen Kompromissen und Notlösungen zusammenbricht und Mutter oder Vater in die Kurzzeitpflege der Kliniken geraten – dehydriert und verwirrt. Es ist aber auch vollkommen individuell, was richtig ist. Unser Weg ist für uns richtig, nicht unbedingt für alle. Die Fragen sind endlos: Ab wann soll eine Pflege ins Haus kommen? Ist betreutes Wohnen nicht besser? Wie machen wir das mit dem Essen? Es gibt keine Standardlösung, das ist sicher. Man muss rechtzeitig darüber reden, den Weg langsam und gemeinsam gehen – das ist der vielleicht wichtigste Punkt. Viele räumen das Haus erst aus, wenn die Eltern tot sind.

Ich bin froh, dass mir das erspart geblieben ist. Das Elternhaus ausräumen und die Eltern nicht mehr fragen können, was da an Geschichten war mit dieser Puppenstube. Mit jener Urkunde. Wie traurig es sein muss, Fotoalben alleine ausräumen zu müssen, ohne noch einmal gemeinsam darin blättern zu können. Ich hätte sicher viele Tränen vergossen.

Auch wir haben spät begonnen, über das Thema »Haus« zu sprechen. Dabei hätte es so viele Anlässe gegeben. Mein Vater starb, als meine Mutter dreiundsiebzig Jahre alt war. Wie schlau wäre es gewesen, schon damals gemeinsam über einen Neustart zu sprechen. Aber wir Töchter waren zu sehr mit unserem eigenen Leben beschäftigt. Ich war frisch geschieden mit zwei kleinen Kindern. Meine Zeitung, »Die Woche«, hatte von heute auf morgen pleite gemacht. Für mich war das Haus eine Zuflucht. Gerade jetzt, wo mein Vater gestorben war, wo ich selber in eine finanzielle Schieflage geraten war, fuhr ich so oft es ging mit meinen Kindern hin. Die Totenstille wurde von Kinderstimmen übertönt. Es war gut so. Aber es war auch eine vertane Chance: Mit dreiundsiebzig hätte meine Mutter noch viel mehr Wurzeln an einem neuen Ort schlagen können.

Mit einundachtzig hatte sie dann einen leichten Herzinfarkt, zwei Jahre später einen leichten Schlaganfall. Beide Male: große Panik bei den Töchtern. Mit dem nächsten ICE runter zum Bodensee, das Handy immer am Ladekabel, bloß keinen Anruf verpassen, das typische Schicksal aller berufstätigen Kinder. Wie oft höre ich im Großraumwagen diese Handytelefonate: »Bitte geben Sie mir den Oberarzt! Nein, ich kann nicht in dreißig Minuten da sein. Wie, Sie wollen morgen schon meine Mutter entlassen? Das geht nicht.«

Ich hatte solche Dialoge bereits unzählige Male mitgehört, nun traf es uns selber. Die Mutter, die uns immer umsorgt hatte, die uns Maultaschen gekocht, Marmeladegläser gefüllt und den von Windpocken geplagten Enkeln kalte Wickel um die glühenden Waden gewickelt hatte. Sie lag nun selber im Krankenhaus. Als sie den Schlaganfall hatte, waren wir zufällig in den Ferien dort, mitsamt dem französischen Austauschschüler. Die Großen backten Kuchen und schleppten ihn dann auf die Intensivstation, der Kleine nahm sein »Elfer-raus«-Kartenspiel und probierte aus, ob die Oma mit ihren Doppelbildern im Hirn schon die grüne Elf von der blauen unterscheiden konnte.

Abends, als wir vom Krankenhaus nach Hause kamen, waren wir zum allerersten Mal ohne Oma dort. Die Nachbarin zur Linken guckte ab und zu, ob wir beim Kuchenbacken nicht allzu viele Teigspritzer hinterließen. Die Nachbarin zur Rechten wunderte sich, dass nach fünfzig Jahren, in denen der Balkontisch immer auf dem Balkon gestanden hatte, nun plötzlich eine lange Tafel im Garten gedeckt wurde.

Es waren seltsame Sommerferien im Elternhaus ohne Oma. Die Vormittage verbrachten wir am Krankenbett, nachmittags machten wir Ausflüge an den Bodensee – wie immer im Sommer. In Immenstaad, in einem Kletterwald, den wir schon oft besucht hatten, merkte ich zum ersten Mal, dass sich bei mir etwas verändert hatte. Ich stand oben auf dem schwankenden Seil und musste direkt wieder absteigen. Ich bin normalerweise der Typ »schwindelfrei«, noch nie hatte mir der Blick in den Abgrund etwas ausgemacht. Doch jetzt musste ich wie ein doofer Angsthase zurück zum sicheren Buchenstamm, die Leiter hinunter zur Erde. Mir fehlte der Boden unter den Füßen. Die Kinder mussten alleine weiterklettern. Da merkte ich zum ersten Mal: Das Fundament, es schwankt. Der Vater tot, die Mutter lebensbedrohlich erkrankt – und das Haus?

Ach, hätten wir es damals nur verkauft. Es wäre gut gewesen. Aber wir haben es nicht getan, und daran ist auch dieser blöde Nachmittag auf dem Seil schuld. Als ich wieder ins Elternhaus kam, war ich froh, dass es noch stand.

Hinzu kam: Mir fehlte die Fantasie, wo meine Mutter wohnen könnte, wenn sie es im Haus nicht mehr schaffen würde. Seit meinem Abitur in Ravensburg waren mehr als dreißig Jahre vergangen, vieles hatte sich verändert. Ich kannte mich vor Ort nicht mehr so gut aus. Schließlich rief ich meinen alten Klassenlehrer an, der selber inzwischen im Ruhestand war. Ich dachte: Der weiß bestimmt, wo es eine Einrichtung für betreutes Wohnen gibt. Bis ich merkte: Er hat selbst Angst vor dem hohen Alter. Es wurde ein Gespräch über das Thema, wie man um jeden Preis im eigenen Haus bleiben kann. Polnische Pflegerinnen, Taxi statt Auto, Badewannen-Einstieg von unten. Solche Sachen. Keine Hilfe – dafür war es einfach schon zu spät.

Einzig eine Sozialarbeiterin aus einem Alt-Jung-Wohnprojekt, die ich mit meinen Journalismus-Schülern vor Jahren interviewt hatte, sprach Tacheles: »Ihre Mutter hat jetzt zwei gelbe Karten bekommen. Sie werden sehen: Je älter sie wird, desto höher der Aufwand, das Eigenheim in Schuss zu halten, und desto geringer der Gewinn.« An den Satz habe ich später oft gedacht. Aber sie sagte auch, wir seien reichlich spät dran mit der Idee, das Haus zu verkaufen und stattdessen eine seniorengerechte Wohnung zu erwerben. Die seien alle schon verkauft, bevor der erste Spatenstich erfolgt, wusste sie, Wartelisten bis unendlich, und ich glaubte ihr sofort. Zinsen im Dauertief, Schwaben haben Geld. Alle Immobilien, die fürs Alter gerecht wären, schon weg. Und für das Alt-Jung-Projekt, das sie selber managte, sei meine Mutter leider schon ein bisschen zu alt. Das saß.

Man hört solche Sätze und trägt sie dann vor, wenn

es passt. Natürlich hätte man auch damals, vor fünf Jahren, etwas gefunden, Zinsniveau und Immobilien-Flaute hin oder her. Aber es war offenbar für uns alle drei noch zu früh.

Und so trainierte meine Mutter mit der ganzen Ent-schlossenheit einer schwäbischen Nachkriegs-Trüm-merfrau – damit sie wieder zurück in ihr Haus konnte. Ging jeden Tag zur Orthoptistin, um ihren Augen die Doppelbilder wieder abzutrainieren, und strampelte auf dem Hometrainer, den mein Vater in den Achtzi-gern gekauft hatte. Wir räumten die losen Teppiche und andere Stolperfallen weg, ließen den Schreiner neue Handläufe an der Treppe anbauen und Haltegriffe in der Dusche. Hauptsache, der Status quo bleibt erhalten.

Es war fast ein Wunder, dass wir es dann doch noch packten. Es war kein Notfall, der das Thema auf den Tisch brachte. Es war ein schleichender Prozess. Es war das ganz normale Altern.

Von uns allen dreien.

Meine Mutter, zu diesem Zeitpunkt bereits 86, hatte ihre Sehkraft, das Herz und die Muskeln dank der Reha zwar wieder so weit gestärkt. Sogar Auto konnte sie wieder fahren. Aber das Leben allein auf dem Dorf wurde immer mühsamer. Wenn sie den Motor star-tete, bekam sie vor Angst klatschnasse Hände. Und als es beim Einparken vor ihrem vertrauten Tante-Emma-Laden einmal einen kleinen Zusammenprall mit einem anderen Auto gab, verlor sie schier den Verstand. Dabei war sie gar nicht schuld gewesen. Die Unfallgegnerin entschuldigte sich zwar wortreich, aber klar – wieder ein Warnschuss. Es hätte schlimmer kommen können.

Also: weniger Auto fahren. Immer mehr Sonntage im trüben Herbst im großen Haus sitzen, allein, meist ohne Besuch. Immer wieder durch alle Zimmer gehen, kontrollieren, ob die Rollläden richtig geschlossen sind. Aus dem Fenster gucken, ob die Nachbarin Besuch von ihren Kindern bekommt. Ach, die haben sich ein neues Auto gekauft. Mehr ist dann aber nicht los auf dem Dorf.

Und wir Töchter, beide in den Fünfzigern, hatten ein schlechtes Gewissen. »Man müsste öfter hinfahren.« Die weite Strecke fällt auch uns bald immer schwerer. Mit dem Auto sind es von Köln aus mindestens sechs Stunden. Die Kinder, früher begeisterte Oma-Besucher, kommen nun auch nicht mehr mit. Kein WLAN. Für guten Handyempfang muss man sich auch im Winter neben die Tujahecke der Nachbarin setzen, da gibt es manchmal Netz. Klar, sie lieben ihre Oma, sie schlingen sich die selbst gemachten Spätzle in den Bauch, als ob es zu Hause nichts zu essen gäbe. Aber ein ganzes Wochenende nicht die Kumpels treffen können – dafür sind die Spätzle einfach nicht attraktiv genug.

Dann wird meine Schwester krank, schwer krank. Wir alle kümmern uns erst mal um sie, auch meine Kinder, der Große macht gerade seinen Führerschein. Seine ersten Fahrten, »begleitet« von der Mama auf dem Beifahrersitz, unternahmen wir nicht nach Ravensburg zur Oma. Sondern ins Krankenhaus zur Tante.

Jetzt war der Punkt gekommen, ernsthaft miteinander zu reden. Wollten und könnten wir wirklich dieses Haus in Oberschwaben erhalten? Was würde passieren, wenn eine von uns dreien den nächsten Rückschlag erleidet, die nächste Krankheit? Wie viel schlauer wäre es, die alte Mutter in unsere Nähe zu holen.

Und so schauen wir uns im Frühjahr 2016 zu dritt diese Seniorenwohnanlage in Stuttgart an. Ganze zweihundert Kilometer von Ravensburg entfernt. Ganz nah bei meiner Schwester. Und viel, sehr viel näher an Köln, mit ICE-Anschluss. Natürlich ist es hier wie in Ravensburg: Es gibt Wartelisten. Aber meine Schwester, inzwischen von ihrer Krankheit genesen, kümmert sich, insistiert, telefoniert. Und im Sommer 2016 kommt der Anruf: Eine Wohnung ist frei.

Zu schnell. Klar. Es ist immer zu schnell. Meine Mutter sagt: Das reicht doch noch nächstes Jahr. Lasst mich doch Weihnachten noch im Haus feiern. Wir sagen: »Du wirst schon siebenundachtzig. Es wird doch nicht leichter mit dem Umziehen. Und wer weiß, wann der nächste Anruf kommt. Wenn wir die Wohnung jetzt nicht nehmen, rutschen wir auf der Warteliste nach unten.«

So kommt es zum »Umzug auf Probe«. Und zum Satz meiner Mutter zum polnischen Möbelschlepper. »Sie holen mich dann in einem Jahr wieder ab.«

KAPITEL 3

Von alten Bäumen und neuen Wurzeln

Warum man auf das Geschwätz der anderen Leute
pfeifen sollte. Und den Neustart wagen.

Wenn ich Königin von Deutschland wäre, würde ich diesen Satz auf den Index setzen: »Einen alten Baum verpflanzt man nicht.« Wir hören ihn nicht dreimal, nicht fünfmal – wir hören ihn bald ständig.

Als in der Heimat zum ersten Mal das Gerücht aufkommt, wir wollten das Haus aufgeben – da höre ich ihn zum ersten Mal von einer Nachbarin. Für sie habe ich sogar Verständnis. Sie hat 50 Jahre nebenan gewohnt, sie wünscht sich, dass alles bleibt, wie es ist. Dass meine Mutter bis ans Ende ihrer Tage in ihrem Haus wohnt. Dass man sich morgens trifft beim Leeren des Briefkastens, mittags die Mülltonne wieder in die Garage rollt, abends zur selben Zeit die Rollläden runterlässt. Dass man zweimal im Jahr beim Nachbarn klingelt, um gemeinsam Heizöl einzukaufen.

Dass man Silvester um Mitternacht mit einer Sekt-flasche auf die Terrasse tritt und mit der Nachbarin anstößt. Jede Veränderung macht ihr selbst Angst, das verstehe ich.

Aber muss sie deshalb *uns* Angst machen? Mir, meiner Schwester, meiner Mutter? Denn so klingt der Satz in meinen Ohren: Ihr werdet schon sehen, was passiert, wenn man dem alten Baum die Wurzeln kappt. Dann – so soll ich das wohl verstehen – verdorrt er? Wächst krumm? Bekommt keine Blätter mehr?

Die Nachbarin kann ich ja gerade noch verstehen. Viel mehr ärgert mich der Spruch, wenn er von Freundinnen in meinem Alter kommt. Mitten im Ausräumjahr, im Sommer 2017, habe ich mal wieder ein Klassentreffen. Ich bin die Einzige, die sich ein Hotelzimmer genommen hat, ich kann im schon halb ausgeräumten Elternhaus nicht mehr schlafen. »Im Hotel?« Meine Klassenkameradinnen sind entsetzt. »Nicht zu Hause?«

Diese Frauen sind wie ich Anfang Fünfzig, sie sind Ärztinnen, Architektinnen, Dolmetscherinnen. Sie verdienen gutes Geld. Wenn sie übers Wochenende nach Barcelona oder Wien fliegen, schlafen sie im Hotel. Aber in Ravensburg? Das tut man doch nicht, und das Haus verkauft man doch nicht, weil – »einen alten Baum verpflanzt man nicht«.

An diesem Abend des Klassentreffens schlafe ich

gar nicht ein. Auch im Hotelzimmer kreisen meine Gedanken, und ich werde immer wütender. Wieso machen wir uns das Leben gegenseitig so schwer? Jede ist mit dem Thema »alte Eltern« konfrontiert, jede von uns löst es so, wie es für sie richtig ist. Schließlich hat unsere Generation, in den Jahren nach 1968 aufgewachsen, für maximale Freiheit gekämpft, für ein selbstbestimmtes Leben. Warum nur verteidigen wir dann mit Zähnen und Klauen unser Lebensmodell und entwerten jedes andere? Mit dem Kinderkriegen fing es an. Wer nach dem Abitur gleich schwanger wurde, behauptete, man sei doch im Studium eine viel entspanntere Mutter. Wer später schwanger wurde und dann Vollzeitmutter, ließ auf Klassentreffen schon mal fallen, es sei für die frühkindliche Bindung unerlässlich, dass man rund um die Uhr fürs Kind da sei. Und jetzt, da jede auf ihre eigene Art durch diese Kinderzeit gekommen ist – jetzt wollen wir ernsthaft einen Wettbewerb aufmachen: Wer ist die bravste Tochter für die alten Eltern? Und wer ist die herzloseste, die es wagt, das Elternhaus zu verkaufen? Und das alles wegen dieses Satzes, der auch auf diesem Klassentreffen fällt. »Einen alten Baum verpflanzt man nicht.«

Für mich klingt er wie mit Kreuzstichen auf ein Sofakissen gestickt. Da ich eine miserable Handarbeiterin bin und alle Kreuzstichkissen in meiner Schulzeit heimlich von meiner Mutter vollendet wurden, ist es Zeit zu gucken: Stimmt er überhaupt, der alte Spruch?

Meine Mutter ist beim Umzug auf Probe fast 87 Jahre alt. Ob das Verpflanzen gelingt? Auch ich bin mir nicht sicher. Als wir im November 2016 zum ersten Mal, mit nur wenigen Möbeln, nach Stuttgart fahren, bin ich nervöser als sie. Es ist ein Montagmorgen, und wir haben das ganze Wochenende über Abschied gefeiert. Wir waren am Bodensee in der Schlosskirche, wo sie geheiratet hatte. Wir haben in Ravensburg auf dem Marienplatz in ihrer Lieblingskneipe ein Abschiedsbier getrunken. Im Freien. Es war bizarr sonnig an diesem letzten Oktoberwochenende, als wollte die Herbstsonne alles noch mal ausleuchten, was wir hinter uns lassen würden. Wir haben Selfies gemacht, Hände geschüttelt und ja, auch einige Tränen vergossen. Als wir dann endlich in ihrem Auto sitzen, fühle ich mich wie vor dreißig Jahren, als ich von ihr ins Studium verabschiedet wurde. Auch damals ging ein Lebensabschnitt zu Ende. Auch damals war nicht nur ich zerrissen zwischen Trauer und Vorfreude. Damals schon, mit achtzehn, hatte ich Angst um meine Mutter. Was würde aus ihr werden, beide Kinder aus dem Haus? Sie würde keinen Kaiserschmarrn mehr für mich und meine drei Schulfreundinnen kochen, mich nicht mehr von der Disco abholen und keine Lateinvokabeln mehr abhören. Damals lebte mein Vater noch, war voll eingespannt im Beruf – ich hatte große Sorge um meine Mutter. Würde sie sich umstellen können?

Die Sorge habe ich jetzt auch. Sie dagegen ist aufgekratzt. Zappelt aufgedreht auf dem Beifahrersitz, kannst du nicht schneller fahren, der Möbelwagen ist sonst noch vor uns da. Ich verpasse in Stuttgart die Autobahnausfahrt, verfahre mich in den Neckarvororten, wir kommen gleichzeitig mit den Möbelpackern an. Immerhin.

Und dann gibt es zum ersten Mal diesen Moment, in dem ich denke: Mist, die anderen hatten recht. Den alten Baum, man hätte ihn nicht verpflanzen dürfen.

Es ist erst Mittag, und da sie ja nur zur Probe umzieht, sind die Möbelpacker in dreißig Minuten fertig und fahren mit dem leeren Sprinter wieder in Richtung Oberschwaben. Wir bleiben hier, in der neuen Wohnung in Stuttgart, und ich schlage vor: »Lass uns einkaufen gehen. Damit du gleich Kaffee, Milch und Butter zu Hause hast.« Auf zu Edeka, der Markt ist praktischerweise gleich gegenüber.

Und da passiert es, mitten im Gang bei den Filtertüten und dem Kaffee. Sie fängt an zu weinen. »Ich glaube, ich packe das nicht.« Ich verstehe erst nicht, was passiert ist, vermute, es ist die durchwachte letzte Nacht, die Anspannung, die abfällt. Aber es ist ganz einfach: Der Edeka in Stuttgart hat seine Kaffeetüten anders angeordnet als der Edeka daheim. Also doch?

Der alte Baum findet sich nicht zurecht im neuen Wald?

Das ist nun über ein Jahr her. Und, dies sei allen selbsternannten Forstexperten und -expertinnen gesagt: Der Baum braucht einfach ein bisschen Zeit. Er braucht Zuwendung, er braucht Luft und Nahrung – dann wächst er wieder. Vielleicht wachsen die Zweige nun in eine andere Richtung, weil die Sonne anders steht. Aber er gedeiht.

Meine Mutter hat sich diesen Supermarkt vorgenommen wie einen Lern-Parcours. Heute den Kaffeegang. Morgen das Obstregal. Übermorgen die Fleischtheke. Geweint hat sie schon noch ab und zu. Aber nie wieder bei Edeka.

Natürlich hätte sie noch lange in ihrem alten Laden einkaufen können – zumindest so lange, wie sie ihr Auto beherrscht hätte, um dorthin zu gelangen. Aber umgetopft, umgesiedelt, konnte sie sich dann auch gut umstellen. Und ich bin mir sicher, sie konnte viele neue Verknüpfungen im Hirn herstellen. Denn dass man seine alten Eltern im vertrauten Zuhause lässt, heißt doch auch: Man traut ihnen nicht mehr zu, neue Dinge zu lernen. Dabei hat die Altersforschung längst belegt, dass ein Hirn bis zum Schluss elastisch bleibt.

Das ist sicher bei jedem Menschen individuell verschieden. Aber über eines sind sich die Hirnforscher einig: Je pflegeleichter und rundum versorgter man gerade den älteren Menschen im Altenheim den Alltag gestaltet, desto schneller baut das Gehirn ab. Klar kann man immer dieselben Wege gehen, es ist auch bequem. Aber dann knüpfen auch die Nerven im Hirn keine neuen Knoten. Lohnt sich nicht mehr.

Zu den neuen Trieben, von denen ich berichten kann, gehört: Meine Mutter hat mit 87 gelernt, wie ein Fahrkartenautomat der Stuttgarter Verkehrsbetriebe funktioniert – und daran ist bekanntlich schon mal ein erheblich jüngerer CEO der Deutschen Bahn gescheitert. Sie hat beim griechischen Feinkostgeschäft Bulgur und Tsatsiki kennengelernt. Sie kocht neuerdings sogar mit Koriander und Kokosmilch. Sie war bei einer Schwulenhochzeit und beim Fastenbrechen am letzten Tag des Ramadan. Nein, sie ist nicht mehr derselbe Baum wie in Ravensburg.

Das Grün, es wirkt jetzt frischer.

KAPITEL 4

Das kalte Haus

Wie die Generation der Kriegskinder ihre Gefühle einge-
mauert hat. Und was das für unsere Kindheit bedeutete.

Immer war mir kalt in unserem Haus. Es ist ein schö-
nes Haus, es ist ein grün umwachsenes Haus, es ist ein
von der Sonne beschienenes Haus – aber immer war
es kalt. Immer sagte meine Mutter, wenn wir aus Köln
oder Stuttgart nach einer langen Autofahrt in Ravensburg ankamen: »Ich habe schon eine Heizdecke in eure
Betten gelegt.« Selbst im Hochsommer war man froh
um dieses technische Hilfsmittel. Denn es war wirklich immer kalt in diesem Haus.

Lange dachte ich: eine Frage der Architektur. Unser
Haus war 1968 gebaut worden, vielleicht hatten sie da
noch nicht die Energiestandards von heute. Vielleicht
hatte das Baumaterial, der damals in Mode gekom-
mene Ytong, nicht so viel Dämmwirkung, vielleicht
hatte der Architekt seinerzeit andere Präferenzen. Viel-

leicht wollte er sich vor seinen Berufskollegen wichtigmachen mit ästhetisch gewagten Winkeln und Balkonen, vielleicht war ihm das aber auch einfach egal mit der Wärmedämmung. Noch war die erste Ölkrise in weiter Ferne. Als unser Haus gebaut wurde, dachte man tatsächlich noch, Erdöl sei ein unendlich sprudelnder Rohstoff.

Bis auf einem Klassentreffen eine Freundin sagte: »Ich mag gar nicht nach Hause heute Abend, es ist so kalt da.« Susanne, Bauerstochter, ihr Elternhaus ein jahrhundertealter Fachwerkbau. Handwerkskunst der Vorfahren, keine Rede von Ytong, keine Rede von Erdöl-Optimismus, ganz bestimmt lag die Kälte in ihrem Elternhaus nicht in der Architektur der Wohlstandsjahre begründet. Da dachte ich zum ersten Mal: Hier stimmt was nicht mit der Temperatur.

Die Häuser unserer Eltern sind die Häuser von Kriegskindern. Und erst in den letzten Jahren wird offen darüber geredet, was das bedeutet. Die Kölner Autorin Sabine Bode, selbst Jahrgang 1947, war die Erste, die das Trauma der Kriegskinder in Worte fasste. Das Trauma unserer Eltern. Sie schrieb im Jahr 2004 das Buch mit dem Titel »Die vergessene Generation. Die Kriegskinder brechen ihr Schweigen«. Die in den 30ern Geborenen hatten als Kinder den Krieg, den Nationalsozialismus, den Judenhass und den Holocaust erlebt. Sie hatten zum einen die Schuld der Täter-Nation zu tragen. Zum andern aber auch selber darunter gelitten. Hunderttausende wurden damals vertrieben, viele Frauen vergewaltigt.

Die meisten Kriegskinder haben darüber nie gesprochen. Aus Scham. Aber auch aus dem Gefühl heraus: Wir Deutschen dürfen nicht leiden, denn wir haben anderen noch viel größeres Leid zugefügt. Die Kriegskinder waren dann oft unfähig zu starken Emotionen, waren hart zu sich selber und zu ihren Kindern. Sie konnten sich nie richtig freuen, denn sie hatten verinnerlicht: »Wenn es uns zu gut geht, dann bestraft uns das Leben.« Ihre mangelnde Emotionalität kompensierten sie mit Turbo-Leistung, mit einzigartigem Ehrgeiz, mit übertriebenem Sicherheitsdenken.

Als Sabine Bode ihren Bestseller auf Lesungen vorstellte, wurde ihr schnell klar: Die meisten Besucher dieser Veranstaltungen sind eine Generation später geboren, in den 1960er-Jahrgängen. Und viele dieser Enkel, fast ausnahmslos in erfolgreichen Berufen, berichteten ihr von einem verunsicherten Lebensgefühl, von unauflösbaren Ängsten und Blockaden. Vielen fehlte der Mut, eine eigene Familie zu gründen. Da begann die Autorin, dieser »Kriegsenkel«-Generation auf den Grund zu gehen. Sie fand heraus, dass die Generation der Kriegsenkel – also die in den 60er Jahren geborenen – so viele Psychotherapien in Anspruch nehmen wie keine andere Generation nach ihnen. In ihren Interviews stieß sie immer wieder auf Sätze wie: »Meine Eltern konnten mir nie vermitteln, dass die Erde ein sicherer Ort ist.«

Das trat eine regelrechte Welle los. Inzwischen gibt es über zwanzig Bücher, die dem Phänomen nachspüren. Sie heißen »Nebelkinder«, »Die geprügelte Generation« oder »Das Erbe der Kriegsenkel«. Es ist gut, dass sich meine Generation diesem Erbe stellt. Das Schweigen kann jetzt gebrochen werden, die Wunden der Prügel verheilen, der Nebel wird gelüftet. Sofern wir uns dem Thema stellen.

Dafür ist das Ausräumen des Hauses ein guter Zeitpunkt. Jeder, der sein Elternhaus ausräumt, wird sie finden, die kalten Gegenstände. Zeugen einer Kindheit, die von großem Leistungsdruck geprägt war, von Sicherheitsdenken und Ordnungswahn. Das ist das Mindeste. Vielleicht finden wir auch noch Spuren der letzten Kriegstage. Vielleicht finden wir Tagebücher, in denen die Mutter nie Ausgesprochenes notiert hat. Todesurkunden des Bruders, der sich nach dem Krieg erschossen hat. Familiengeheimnisse. Lebensspuren, die mit viel Putzmittel vernichtet wurden und die doch immer wieder zutage treten.

Darum erfordert es Mut, diese Häuser auszuräumen. Man weiß nie, was man dabei alles findet. Es können Dinge auftauchen, die zu uns sprechen – über

Vorfälle, die unsere Eltern verschwiegen haben. Aber wenn wir es gut machen, so gut es eben geht, dann ist es nicht nur eine Chance zur Aussöhnung mit den eigenen Eltern und Großeltern. Sondern auch eine Chance für unsere eigenen Kinder, ein unbeschwerteres Leben zu führen. Hoffentlich ist es für die nächste Generation dann einfacher, an ihre Gefühle heranzukommen. Und eines Tages ein warmes Zuhause zu bauen.

Meine Kinder sind jetzt 19 und 21. Ein Haus müssen sie nun wirklich nicht bauen, Deutschland hat genug Räume verdichtet und Eigenheime gebaut. Aber vielleicht ein Baumhaus. Ein Matratzenlager. Eine warme Wohngemeinschaft mit Freunden. Hauptsache, gemütlich. Hauptsache, der Gefühlsstau, den die Kriegsgeneration an uns vererbt hat, wird nach und nach aufgelöst.

Sabrina Weber ist Psychotherapeutin in Bad Vilbel bei Frankfurt. Auch sie hat vor allem die Generation der Kriegsenkel in Behandlung. Unter ihnen sind viele erfolgreiche Banker, Manager, Chefärzte. Viele von ihnen aufgewachsen in Familien, in denen Leistung alles war. »Aber gerade den Chefs sage ich oft: Ihre Familie war wie Ihr Konzern: Effizient. Kalt. Und verschwiegen.« Viele dieser beruflichen Top-Performer kommen dann in die Therapie, wenn der Ruhestand naht, wenn sie ihre emotionalen Defizite nicht mehr betäuben können mit Arbeit.

Weber ist überzeugt, dass sich die Traumata unserer Eltern und Großeltern »transgenerational« vererben. Dass wir sie also auch an die Nächsten und Übernächsten weitergeben, wenn wir uns ihnen nicht stellen. Sie rät dazu, bewusst durch unser Elternhaus zu gehen und zu akzeptieren, was war. »Nehmen Sie die Kälte auf. Überlegen Sie, was damals für eine Zeit war. Das erfordert bei allem anderen auch – Respekt.«

Deutschland nach dem Zweiten Weltkrieg. Aus der Gefangenschaft kommen Männer mit verstümmelten Beinen, mit zerschossenen Gesichtern, mit dem »Kriegszitterer« – den wir heute Posttraumatisches Belastungssyndrom nennen. Das Wort gab es nicht, weil man keine Worte machen wollte. Man redete nicht. Man schwieg. Und man misstraute jedem starken Gefühl. Man misstraute der Begeisterung und der Freude, denn die waren von den Nazis missbraucht worden. Man misstraute dem Stolz, denn dieses »Wir sind wieder wer« nach der Anerkennung der Niederlage in Versailles, auch dieser Stolz war falsch. Also: Zusammenreißen, bloß keine Gefühle zeigen, Gefühle sind Schwäche. Hart zu sich selber, hart zu uns Kindern.

So sind viele von uns aufgewachsen, und viele haben es durch dieses Effizienzdenken zu außerordentlichen beruflichen Erfolgen gebracht. Wenn wir jetzt, vier zig Jahre später, unsere Elternhäuser ausräumen, finden wir unzählige Beweise dafür. Anschauen müssen wir sie noch mal. Aber aufbewahren? Die Psychologin rät: »Gehen Sie durchs Haus, nehmen Sie die Kälte auf. Stellen Sie Fragen. Alles, was warm ist, nehmen Sie mit. Alles was kalt ist, schauen Sie noch mal an. Dann kann es weg.«

Als ich Sabrina Weber in Bad Vilbel besuche, ist mein Elternhaus in Ravensburg bereits leer. Aber sofort fallen mir Gegenstände ein, die sie »kalt« nennen würde. Uhren, Wanduhren, Küchenuhren, Stehuhren, Uhren im Übermaß. Als meine Mutter und ich alle Kisten gepackt hatten für ihre neue Wohnung in Stuttgart, da waren immer noch drei dieser Uhren übrig. Wir hatten für das neue Zuhause die »warmen« Uhren eingepackt, die hölzerne vom Esstisch, die immer neben den selbst gemalten Ölbildern meiner Schwester hing – klar hatten wir die mitgenommen und sie in Stuttgart auch genau so wieder aufgehängt. Aber wohin mit fünf Uhren?

Ich weiß heute zu schätzen, dass ich zu großer Pünktlichkeit erzogen wurde. Ganz bestimmt hat es mein Leben leichter gemacht, dass ich nie zu spät komme. Dass ich keine einzige Seminararbeit an der Uni zu spät abgegeben habe. Dass ich im Leben noch nie einen Flieger oder einen ICE verpasst habe. Aber als ich die letzte Umzugskiste in Ravensburg gepackt hatte und immer noch drei Uhren übrig waren, dachte ich dann doch: Ein paar Uhren weniger wären auch ok gewesen. Diese Angst, etwas zu verpassen – sie prägte meine ganze Kindheit.

Denn natürlich wollte die Generation meiner Eltern nichts verpassen. Sie wollte, nach der Schmach von zwei Weltkriegen, Deutschland aufbauen und eine Vorzeigefamilie gründen. Dazu gehörte Pünktlichkeit. Und Effizienz. Nicht nur Uhren, sondern Messgeräte aller Art fand ich beim Aufräumen. Waagen in allen Badezimmern. Mir fiel wieder ein, wie ich mit zwölf, bei beginnender Pubertät, regelmäßig auf die Waage gestellt und mit einer gleichaltrigen Freundin verglichen wurde. Wir sollten zunehmen, aber nicht zu viel. Wir sollten wachsen, aber nicht zu schnell.

Wenn ich diese Freundin aus Kindertagen wiedersehe – ich nenne sie bis heute meine Vergleichsfreundin –, dann fällt mir auf, wie dünn sie heute ist. Im Gegensatz zu mir, die ich immer ein paar Kilo zu viel auf die Waage bringe. Als müssten wir beide, die Vergleichsfreundin und ich, gegen das Wiegen in der Pubertät ein Leben lang aufbegehren.

Mit der Pubertät hätten auffallend viele Kriegsenkel ein Problem gehabt, sagt der Psychoanalytiker Hartmut Radebold. »Wahrscheinlich konnten diese Eltern nur wenig auf die psychischen Bedürfnisse ihrer Kinder eingehen und erwarteten, dass diese angesichts der eigenen bedrückenden Biografie mit ihren so durchschnittlichen Problemen in der Pubertät selbstständig zurechtkämen.« Was ist schon Babyspeck gegen ein Kriegstrauma? Was waren meine Aknepickel gegen den Bombenhagel, den meine Mutter im Luftschutzkeller erleben musste?

Im Nachhinein bin ich dankbar für die wenigen Erzählungen meiner Mutter aus den Kriegsjahren. Sie knüpfen ein Band von meiner eigenen Pubertät zur Pubertät meiner Mutter. Sie ist 1930 geboren, war also gerade erst 14, als der Krieg sich dem Ende näherte. Man brachte das Mädchen nach Zürich zu einer Tante, die in einer Konditorei arbeitete. Es muss nach den kargen Kriegszeiten in Schwaben das Paradies gewesen sein: der Duft von frischem Brot und zuckrigen Zwetschgen. Und immer wieder erzählte sie mir, dass sie dachte: »Bald fällt sowieso wieder eine Bombe auf uns. Dann kann ich mich jetzt noch mal richtig satt essen, ist doch egal, wie dick ich werde.« Die Bomben kamen nicht, zum Glück. Der Appetit auf Puddingteilchen blieb. Auch bei mir. Ich weiß ja, wo er herkommt.

Zu den kalten, wirklich eiskalten Dingen, die in unseren Elternhäusern lagern, gehören auch: Taschenlampen, Sicherheitsschlösser, bei vielen meiner Altersgenossen sogar Pistolen und Waffen. Bei meinem Vater lagerten in der obersten Nachttischschublade eine Schreckschusspistole und ein Knüppel. Er hatte geradezu panische Angst vor Einbrechern.

Ist das nun ein kalter Gegenstand? Zweifellos. Aber ein bisschen warm wurde mir dennoch ums Herz, als ich ihn beim Ausräumen gefunden habe, den Knüppel aus Rindsleder. Denn mir fiel ein, wann er in unser Haus gekommen war. Es gab ein seltsames Ritual, immer kurz vor dem Geburtstag meines Vaters im Oktober. Seine Sekretärin rief meine Mutter an und fragte, worüber Papa sich diesmal freuen würde. Papa wusste, dass dieser Anruf kommen würde, und notierte meiner Mutter im Vorfeld seine Wünsche. Und einmal waren es eben: eine besonders helle Taschenlampe und ein Gummiknüppel. Skurril, dass keiner seiner Angestellten sagte – was ist das denn für ein Geschenk, ein Gummiknüppel? Skurril, dass alle mitspielten, vor allem mein Vater: »Oh, was für eine Überraschung, das habe ich mir ja schon lange gewünscht!«

Den Knüppel haben wir dann beim Auszug entsorgt. Natürlich war er nie zum Einsatz gekommen, nur wir Kinder spielten ab und zu damit. Den Taschenscheinwerfer hat meine Mutter behalten, falls im Betreuten Wohnen mal der Strom ausfällt. Und über die ewige Angst vor Einbrechern können meine Mutter und ich heute tatsächlich lachen. Ach, wäre vor unserem Umzug mal ein Einbrecher gekommen! Hätte er bloß die schwere Musiktruhe und das viele Zinn mitgenommen, dann hätten wir nicht so viel schleppen müssen!

Die Therapeutin Weber nennt es das »Humor-Tool«. Nicht ärgern über das seltsame Erbe. Lachen! Aber mein Vater konnte nicht lachen über seinen Sicherheitsfimmel. Er hatte Angst, er verbarrikadierte unser Haus zu einer Festung. Auch das ist typisch für die Häuser der Kriegskinder. »Wir lebten wie in einer Burg«, notierte die »Kriegsenkel«-Autorin Bode in ihren Gesprächen, »wir gingen nicht auf Feste, wir schlossen abends die Tür, wer die Burg verlässt, begeht Verrat.«

Auch mein Vater war ein echter Burgherr. Kam er um 18 Uhr vom Büro nach Hause, schloss er nicht nur die Tür, sondern gleich auch die zwei Sicherheitsschlösser mit den schweren Ketten an der Haustür. Die Rollläden gingen noch vor Einbruch der Dunkelheit nach unten, die Alarmanlage wurde »scharf« gestellt. Dabei ging die Sirene nur zweimal los in all den Jahren, in denen ich das Haus bewohnte. Einmal war eine Katze über den Sensor gelaufen. Ein anderes Mal hatte die Nachbarin einen falschen Schalter betätigt. Schließlich liegt das Haus weder in einem Villengebiet noch in einem Brennpunkt der Bandenkriminalität. Es steht an einem Ort, wo die Lokalzeitung bereits einen Zweispalter druckt, wenn ein Vesparoller geknackt wird. Hinter der Angst vor Einbrechern verbarg sich bei den Kriegsenkeln die Angst, das mühsam Erreichte, das fleißig Aufgebaute wieder zu verlieren.

Aber es sind nicht nur die kalten, die technischen Gegenstände, die uns frösteln lassen beim Gang durch unsere Elternhäuser. Es sind nicht nur die Uhren und Waagen, die Schlagstöcke und Taschenlampen. Es sind auch Dinge, die nach den Maßstäben der 60er und 70er Jahre »schön« und »dekorativ« waren. Und bei denen es uns heute besonders schwerfällt, sie weiterzugeben oder zu entsorgen.

Die Musiktruhe, der Einbauschrank, die Polstergruppe. Das viele Zinn, das mal in Vasen, mal in Kelchen, mal in Bierkrügen herumsteht. Viele Einrichtungsgegenstände waren mal richtig teuer gewesen, und unsere Eltern haben es uns auch immer wieder gesagt: »Dafür hat dein Vater ein halbes Jahr gespart.« Und doch sind es Dinge, die vor allem aus einem Grund angeschafft wurden: um zu repräsentieren. Um den Geschäftsfreunden, den Nachbarn, den Verwandten zu zeigen: Seht her, wir haben es geschafft!

Die »kalte Pracht« nennt es die Kulturwissenschaftlerin Renate Flagmeier. Sie leitet in Berlin das »Museum der Dinge«, ihr werden reihenweise Porzellanservices mit 78 Teilen und Zinnvasen in Massen angeboten. Sie weiß: »In den 70er Jahren wurden Wohnzimmer oft nur zum Repräsentieren eingerichtet. Zum Essen drängte sich die Familie dann in der

Küche.« Damit die Sessel keinen Schaden nahmen, hatten sie bisweilen Plastikschoner oder Hussen aus Baumwolle auf den Polstern. Wir Kinder sollten nicht darauf herumklettern, es war »für den Besuch«. Der doch so selten kam. Kein Wunder, dass wir uns heute schwertun mit all den Vorzeigetellern und den Wir-sindwiederwer-Sesseln. Sie sehen warm aus. Aber sie fühlen sich kalt an für uns große Kinder.

Manche Möbel verlieren nach und nach ihre Temperatur, das beschreibt der Schriftsteller Joachim Meyerhoff in großer Melancholie. In seinen frühen Romanen schildert er das Haus seiner Großeltern als chaotisches und in Maßen gemütliches Feriendomizil für die Enkel. Erst findet er, der Enkel, es skurril, dass auf den Sessellehnen diese Plastikschoner liegen, auf denen im Sommer verschwitzte Kinderschenkel festkleben. Aber nach und nach verlieren nicht nur die alten Großeltern ihre Kraft, so Meyerhoff in seinem Roman »Ach, diese Lücke, diese entsetzliche Lücke«. Sondern auch das Haus. Er schreibt dazu einen kurzen Abschnitt, der eindrücklicher nicht sein könnte: »Das Haus wurde von Tag zu Tag gebrechlicher. Den Gegenständen sah man irgendwie an, dass sie aufgegeben hatten, genommen werden zu wollen. Vom hauchdünnen Kristallglas in der Vitrine bis hin zum vor zig Jahren auf einem Strandspaziergang in Lanzarote gefundenen, mit winzigen Muscheln überpockten Senkblei auf dem Marmorfensterbrett wirkte alles erschöpft und desillusioniert.«

Es gibt diese »erschöpften Dinge« in jedem Elternhaus. Je länger die Kinder aus dem Haus sind, je seltener die Enkel kommen, desto mehr Dinge verlieren ihre Bestimmung. Manchen können wir beim Ausräumen eine Chance geben, ihnen neues Leben einzuhauchen. Aber bei den meisten müssen wir versuchen zu sortieren: Das ist warm, das macht mich glücklich, das will ich bewahren. Jenes ist kalt, es kann weg.

Wie immer im Leben sind es die Zwischentöne, die Ambivalenzen, die uns anrühren. Ich zum Beispiel fand in meinem ehemaligen Kinderzimmer eine Schublade, die ich jahrelang nicht angefasst hatte. Auf den ersten Blick waren Strümpfe in der Schublade, dicke Strümpfe, die ich als Kind getragen hatte – weil mir in dem Haus ja immer kalt war. Aber seit inzwischen dreißig Jahren wohnte ich in wohl temperierten Großstadtwohnungen, trug dünne Baumwollstrümpfe oder ging einfach barfuß übers warme Parkett. Nie wieder nach meinem Auszug hatte ich diese unterste Schublade in meinem Kinderzimmer geöffnet. Erst jetzt, beim Ausräumen, fand ich unter den kratzigen Wollstrümpfen einen sorgsam mit Wollfäden verschnürten Packen voller Zeitungsartikel. In jedem Artikel hatte mein Vater mit Kuli die wichtigsten Wörter unterstrichen.

Mein Vater hatte immer darauf bestanden, dass die Leistungen von mir und meiner Schwester dokumentiert würden. Wer in den 70er Jahren am Ende des Schuljahres eine Note besser als Zwei erlangte, wurde in der Zeitung erwähnt. In einem Jahr hatte meine Schwester nur einen Schnitt von 2,1 – horribile, es unterblieb die öffentliche Ehrung. Später gab ein Lehrer zu, dass er sich verrechnet hatte. Und mein Vater nötigte die Lokalredaktion, im Nachhinein das Zeugnis meiner Schwester zu vermelden. Es war uns so peinlich.

Diesen Artikel über das Zeugnis meiner Schwester, eine Meldung im Vermischten der Lokalzeitung, fand ich unter den Strickstrümpfen. Kalt. Wegwerfen. Ich wollte ihn gerade entsorgen, da fand ich darunter noch einen zweiten Packen. Artikel aus der »Emma«, wo ich viele, viele Jahre später, von 1991 bis 1993, als Redakteurin gearbeitet hatte. Zum absoluten Schock meines Vaters. Er hielt das Blatt für eine Mischung aus RAF-Postille und Pornomagazin. Und jetzt, im Jahr 2017, fand ich meine Emma-Artikel, die er genau wie die Schulzeugnis-Artikel, mit Wollfäden zusammengebunden hatte. Und da musste ich tatsächlich weinen. Er hatte bestimmt davon geträumt, dass ich eines Tages Chefredakteurin bei der ARD werde. Oder wenigstens Verlegerin der Schwäbischen Zeitung. Ein bisschen stolz war er offenbar auch. Ich weinte sie ein bisschen nass, die alten Emma-Artikel, in denen er meinen Autorinnen-Namen mit blauem Kuli unterstrichen hatte. Dann warf ich sie weg.

Als dann im Sommer 2017 der Käufer unseres Hauses nach dem Energieausweis fragte, sagte ich nicht etwa: »Das ist ein kaltes Haus.« Meine Schwester beauftragte einen Gutachter, der ermittelte: Alles im Normbereich mit den Temperaturen dort. Das Haus ist so kalt und so warm wie jedes andere auch. Aber bestimmt ist es gut, dass der Käufer als erste Maßnahme die Alarmanlage abbaute. Und dann die Haustür bunt anstrich. Jetzt ist es warm in Ravensburg.

KAPITEL 5

Etwas Besseres als den Tod findest du überall

Wie syrische Kinder jetzt mit meinem Märchenlöffel
gefüttert werden und meine Bowlegläser
im Schrank eine Party feiern.

Insgesamt achtzehn Bleikristallgläser standen in der Glasvitrine in unserem Esszimmer, dazu zwei Glaskrüge, von denen meine Mutter sagte: für Bowle. Das süße Zeug, das wir in unserer Jugendzeit aus Henkell-Sekt, Kalterer-See-Wein und Dosen-Erdbeeren herstellten, es machte erst lustig und später einen dicken Kopf.

Ich beschloss, als Erstes diese Bleikristallgläser loszuwerden. Ich konnte mich kaum an lustige Partys erinnern mit vielen Bowlegläsern, am ehesten fiel mir der dicke Kopf danach ein. Und schon gar nicht wollten in meiner Erinnerung achtzehn Gäste auftauchen. Unser Haus war nicht die berühmteste Partylocation von Ravensburg, wozu nur hatten wir achtzehn Gläser? Und zwei Krüge? Und nicht nur die Gläser gab es im Kristall-Look, daneben standen auch noch achtzehn Dessertschalen aus demselben zentimeterdicken Glas. Meine Mutter war einverstanden: Wir bringen als Erstes die Kristallglas-Sachen weg, sie wurden lange nicht benutzt, sind schwer wie Mühlsteine – und wenn sie weg sind, schafft das richtig Platz im Schrank. Der Mensch braucht Erfolgserlebnisse, gerade wenn er anfängt mit der großen Ausräumaktion.

Aber wohin damit? Anfangs stand mir das Ausräumen bevor wie ein Berg, den man nie bezwingen kann. Ich habe nach dem Abitur meine Heimatstadt verlassen und kenne nicht mehr viele Freunde dort. Meinen letzten Flohmarktstand hatte ich vor dreißig Jahren, ich bin noch nicht mal auf eBay. Ich dachte an meinen ältesten Kollegen in der Redaktion, ein weiser Journalist, der bei großen Aufgaben immer sagt: Wie verspeist man einen Elefanten? Stück für Stück.

Das erste Stück also – die Kristallgläser. Ich packte sie in eine Kiste und fuhr sie in das »Fairkaufhaus« der Caritas. Eine großartige Erfindung. Dort werden Möbel, Geschirr, Blumenvasen und Kerzenständer entgegengenommen und für kleines Geld an Menschen verkauft, die nicht viel davon übrig haben. Geflüchtete, Aussiedler, Roma-Familien sind es in Ravensburg. Wenig Deutsche habe ich dort getroffen. Es wird dort sicherlich auch arme Deutsche geben, aber vielleicht schämen sie sich, in das Secondhand-Kaufhaus zu kommen.

Und siehe da: Als wir unsere Umzugskiste mit den achtzehn Gläsern, zwei Krügen und achtzehn Dessertschalen auspacken, deutet die ehrenamtliche Hilfskraft stumm auf einen Schrank, in dem genau dieselben Gläser schon stehen. Mindestens fünfzig oder sechzig, aus derselben Serie wie unsere Gläser. Klar, merken wir, unsere Generation räumt aus, alle finden in ihren Elternhäusern dieselben Dinge. Jetzt verabschieden meine Mutter und ich uns noch leichter von unseren achtzehn Kandidaten. »Guck mal, Mama«, sage ich, »jetzt finden unsere Gläser richtig viele Kumpels. Da können die ja 'ne richtige Party feiern.«

Dinge wollen weiterleben. Klingt irgendwie esoterisch, aber es stimmt schon, was die Aufräum-Expertin Gunda Borgeest sagt: Es fällt uns viel leichter, uns von Dingen zu trennen, wenn sie noch mal ein neues Zuhause finden. Wegwerfen, in den Müll kippen – das ist auf lange Sicht nicht nur für den Planeten ein Desaster. Sondern auch für unsere Seele. Jedes Teil hat eine Geschichte, wurde angeschafft für ein Fest, einen Geburtstag, vielleicht auch nur aus Freude am Leben. Weil es so schön rot ist oder weil es diese lustigen Blumenmuster hat. Wie schade, wenn es dann nur auf den Müll kommt. Wie schön, wenn Menschen noch mal damit essen, trinken und feiern können. So stelle ich mir das jedenfalls nicht ganz unkitschig vor: dass eine große Familie ins Fairkaufhaus kommen wird, vielleicht steht sogar eine

Hochzeit bevor oder ein runder Geburtstag. Und sie werden diese vielen Gläser nehmen und Wein daraus trinken oder Hugo oder Aperol Spritz, es werden Geigen fideln, Gläser aneinanderstoßen. Und selbst wenn es ganz anders ist in Wirklichkeit, wenn böse Menschen meine Gläser bekommen. Und wenn sie gar keine Feste damit feiern? Egal. Das Kopfkino tut mir gut.

Meine Mutter hätte am liebsten alles verschenkt an Menschen, die sie kennt. An die Putzfrau, die Nachbarin, den alten Geschäftsfreund, an Nichten und Neffen. Im Nachhinein wissen wir: Das ist jedes Mal eine totale Überforderung für den Beschenkten. Und sehr oft eine große Enttäuschung für den Schenker.

Die meisten Dinge finden nur schwer einen Abnehmer. Denn egal wie jung oder wie alt, wie reich oder wie arm, fast alle Menschen haben selber zu viel Besitz angehäuft. Mich wunderte es damals kaum, wusste ich doch selbst nicht, wie ich in meine Kölner Wohnung noch Gläser oder Teller quetschen sollte. Aber meine Mutter konnte es anfangs kaum fassen.

Immer wieder sortierte sie Sachen aus für Nichten, die angeblich bald kommen und etwas abholen. »Andrea richtet gerade ihre erste Studentenbude ein«, sagte sie dann und stellte eine Art Aussteuer zusammen. »Angelika freut sich auf das chinesische Teeservice.« Andrea kam erst überhaupt nicht, dann war angeblich kein großes Auto verfügbar, am Ende nahm sie nur zwei Tischdecken mit. Angelika vermeldete einen grippalen Infekt, schickte aber immerhin ihren Sohn, einen Autonarren. Der packte nicht wie erwartet sämtliche Miniatur-Oldtimer meines verstorbenen Vaters ein, sondern nur das schicke Flügeltüren-Coupé und drei Mercedes-Bildbände. Wohin mit den anderen fünf Modellautos, die, das fiel mir leider erst jetzt auf, im Lauf der Jahre in der schweren Eichenholzwand nicht nur Staub angesetzt, sondern leider beim Abstauben auch das eine Rad oder die andere Felge verloren hatten. Für Sammler heißt das: nix wert.

Die schwere Schrankwand aus massivem Eichenholz, sie war am Ende das Einzige, was wir wirklich nicht loswurden. Sie wurde erst am Tag nach der Hausübergabe von den Käufern entsorgt, in Stücke zertrümmert und in den Container geworfen. Schwere Schrankwände braucht heute kein Mensch mehr. Auch und erst recht kein geflüchteter Mensch, der nicht weiß, wie wenig Zeit ihm in Deutschland vergönnt ist. Solche Schrankwände sind für die Ewigkeit gemacht. Und ewig bleibt heute kaum mehr einer irgendwo. Auch kein armer Mensch, denn er oder sie hat wenig Platz. Eine öffentlich geförderte Wohnung für zwei Personen darf nur sechzig Quadratmeter klein sein. Unsere schwere Schrankwand war drei mal fünf Meter massiv, nicht unterteilbar. Sowas braucht kein Mensch.

Aber fast alles andere kann ein Mensch brauchen. Man muss sich nur die Mühe machen, diesen Menschen zu finden. Die losen Dinge, die man in den Kofferraum packen kann, wie Kristallgläser und Teller, die kann man ins Fairkaufhaus bringen. Aber wohin mit den Möbeln? Anfangs setzten wir auf die Käufer des Hauses, sie versprachen uns, beim Ausräumen zu helfen. Sie kamen mit dem Vorarbeiter eines Sozialbetriebs, der sich auf Upcycling spezialisiert hat. Angeblich. Sein Kontrollgang durchs Haus war frustrierend. Alles ohne Wert, ließ er uns wissen. Nur wenn er die nagelneuen Balkonstühle und die Sechziger-Jahre-Musiktruhe mitnehmen dürfe, würde er gnädigerweise auch die Schrankwand abbauen. Die Balkonstühle wollte meine Mutter aber ins neue Zuhause mitnehmen. Und die Musiktruhe hatte sie einem netten Freund versprochen, der wiederum angeboten hatte, dafür noch die Nachttische aus den Kinderzimmern mitzunehmen. So wird die ganze Ausräumerei ein Kuhhandel. Und man kann schon froh sein, wenn man dabei halbwegs die Spielregeln bestimmen kann.

Ich spürte, dass uns die Besuche solcher Profiausräumer nicht guttaten. Dieser taxierende, oftmals abwertende Blick, er ist verständlich, zumindest aus Sicht der Entrümpler. Es ist ein Business, der Profi muss den Wert der Dinge bewusst kleinreden. Aber für meine Mutter, für die jedes einzelne Stück einen Wert hatte –

für sie war es unerträglich. Sie wollte, dass wenigstens ein paar Dinge, die ihr am Herzen lagen, eine neue Bestimmung finden.

Und so besannen wir uns gemeinsam auf die wenigen Netzwerke, die wir die Jahre über gepflegt hatten. Auf die Kirche. Meine Mutter ist seit eh und je eine treue Kirchgängerin. Und auf alte Schulfreundinnen, die ich sporadisch bei Klassentreffen gesehen hatte. Mir fiel Erdmuthe ein, die mit mir zusammen das beste Abitur der Schule gemacht hatte. Beide hatten wir 1982 eine 1,0 auf dem Zeugnis, beide hatten wir den Französisch-Leistungskurs belegt, beide waren wir auf Abifahrt in Paris gewesen. Und beide haben wir heute beinahe erwachsene Söhne. Das war es dann aber auch mit Gemeinsamkeiten. Während ich mich nach dem Studium sofort ins Berufsleben gestürzt hatte, hatte sie ausführlich promoviert und sich dann der Erziehung ihrer Söhne gewidmet. Sie hatte einen Pfarrer geheiratet und übernahm mit der Mutterrolle auch die der Pfarrfrau: Kinderkirche halten, Krippenspiele und Kinderbibeltage organisieren, bei den Gemeindefesten helfen, neuerdings: mit Geflüchteten Deutsch lernen. 22 Jahre nach dem Abitur war sie mit ihrer Familie wieder nach Oberschwaben gezogen.

Bei jedem unserer Klassentreffen erzählten wir einander, wie unsere beiden Lebenslinien im Jahr 1982 auseinandergegangen waren. Und ich musste zweimal überlegen, ob ich sie wirklich jetzt, im Jahr 2017, um Hilfe bitten könnte. Ich schrieb ihr, dass ich nichts erwarte, nur vorsichtig anfragen wolle: »Kannst du Dinge brauchen für die Kirchengemeinde? Für die Geflüchteten vielleicht?« Ich hatte auch ein bisschen Angst davor, sie könnte sagen: Jetzt, nachdem du 35 Jahre lang dein aufregendes Jetsetleben in aller Welt geführt hast – jetzt besinnst du dich auf die wenigen Freundinnen in der Heimat?

Aber war es nicht eher so: Jetzt, nachdem ich 35 Jahre durch die Welt gejettet bin, jetzt merke ich auch, was zu kurz kam in meinem voll mobilen Leben. Ich mache kein Ehrenamt. Ich betreue keine Flüchtlinge. Ich pflege nur wenige Freundschaften.

Erdmuthe kam einfach, sie fragte nicht. Trank einen Kaffee mit meiner Mutter, packte in ihren Kofferraum, was sie brauchen konnte. Redete nichts schlecht wie der Entrümpler, mäkelte nicht an kaputten Sachen herum wie der Neffe. Sondern nahm praktische Dinge mit für die Geflüchteten in ihrer Gemeinde: Tischdecken, Bettwäsche, Geschirr und Besteck. Ach, hätten wir bloß mehr Erdmuthes gekannt.

Kurz nach ihrem Besuch schickte sie mir eine Mail: Sie habe das Kinderbesteck jetzt sortiert und mit Silberputzmittel poliert – da sei mein Geburtsdatum eingraviert. 21.11.1963. »Ursula, möchtest du das lieber behalten, falls du mal Enkel bekommst?« Ich überlegte kurz. Ich wünsche mir wirklich, dass ich mal Enkel bekomme. Aber in meiner Besteckschublade sind schon kleine Kinderlöffel mit blauen Zwergerln, ich hatte sie vor zwanzig Jahren bei einem romantischen Urlaub in Wien für meine Söhne gekauft. In meinem Keller liegen Kinderteller, die mir die Patentante meiner Söhne aus ihrem Elternhaus mitgebracht hat, aus Emaille mit einem Warmhalteteller aus Metall drunter. Daraus haben meine Kinder vor Jahren ihren ersten Brei gegessen. Brauche ich wirklich noch mehr davon? Mehr als zwei Enkel gleichzeitig werde ich kaum bekommen.

Ich schreibe Erdmuthe zurück. »Ist es das Kinderbesteck mit den Märchen? Das Messer mit den Bremer Stadtmusikanten, der Löffel mit dem Sterntaler, die Gabel mit dem Gestiefelten Kater?« Genau die, schreibt sie, und sie habe eine sehr nette syrische Familie, die sicher irgendwann Nachwuchs bekommt. Falls ich das Besteck nicht zurückhaben möchte, kaufe sie dann eine Ausgabe von Grimms Märchenbuch und erzähle den jungen Eltern von den Bremer Stadtmusikanten.

So kommt es, dass in nicht allzu ferner Zukunft eine junge syrische Familie am Bodensee ihrem Kind nicht nur deutschen Hipp-Brei mit meinem alten Kinderlöffel füttert. Sondern womöglich auch herausfindet, dass vor hundert Jahren im deutschen Volksmärchen ein Hahn, eine Katze, ein Hund und ein Esel fortliefen, weil sie als Haustiere nicht mehr nützlich waren und getötet werden sollten. Und sich fortan als Musiktruppe ein besseres Leben organisierten. »Etwas Besseres als den Tod findest Du überall.«

Die Geflüchteten. Sie sind die Traum-Zielgruppe für alle Menschen, die ausräumen. Wer aus Syrien, Afghanistan oder Somalia nach Ravensburg kommt, besitzt nichts. Kann alles brauchen. Dachte ich, aber ganz so einfach ist es nicht.

Wo findet man Geflüchtete? Mir fiel die katholische Nonne ein, die im Benediktinerkloster in Weingarten die Erstaufnahme managt. Ich hatte für »chrismon« über sie geschrieben, sie lebt im Kloster mit 28 jungen Männern aus Kamerun, Eritrea und dem Senegal. Ich hatte allerdings auch darüber geschrieben, dass im Klosterhof in Weingarten während unserer Recherche ein Auto nach dem anderen vorgefahren kam und gebrauchte Sachen abgeladen wurden. Nicht alles, was eine schwäbische Familie loswerden will, kann ein eritreischer junger Mann auch brauchen. Was soll er mit Bobbycars, wohin mit dutzenden Marmorkuchenformen? Ich ahnte also schon – viel werden die jungen Männer nicht brauchen können von unseren Sachen.

Und so war ich schon froh, als Schwester Ines, die

patente 80-jährige Nonne, in ihrem VW Polo mit An-
hänger vorgefahren kam, einen der kräftigen Jungs auf
dem Beifahrersitz, und immerhin ein Bett, zwei Ma-
tratzen und ein Kellerregal mitnahm. Mehr konnte
sie nicht transportieren, mehr brauche sie erst wieder,
wenn einer der Kerle eine eigene Wohnung zugeteilt
bekäme.

In diesen Tagen, während unser Haus mehr und
mehr Lücken aufwies, stand plötzlich der evangelische
Pfarrer vor der Tür. Noch nie war er zu einem Hausbesuch gekommen, jetzt klingelte er unangemeldet
bei meiner Mutter und fragte, etwas besorgt: Ob das
stimme, was er nach dem letzten Gottesdienst gerüch-
tehalber gehört habe? Sie wolle ausziehen? Meine Mutter, so erzählte sie mir später, war ehrlich dem Pfarrer gegenüber. Sagte, dass es ihr schwerfalle, aber dass
es jetzt entschieden sei. Sie ziehe um, und man sehe
ja: die ersten Möbel schon weg, das Haus so gut wie
versprochen an eine junge Familie. Besorgt zeigte sich
der Pfarrer. So ein treues Gemeindemitglied! So eine
Stütze der Gemeinde! Ob das denn gut durchdacht sei.

Meine Mutter erzählte mir am Telefon von dem
Hausbesuch, und ich war spontan verärgert. Seelsorge,
das wünsche ich mir am allermeisten von meiner Kirche, und Hausbesuche machen die Pfarrer generell viel
zu selten. Weil sie mit Gemeindefusion und Kirchgeld,
mit Zukunftskonzepten und Leitbildern beschäftigt

sind. Hausbesuch! Wunderbar! Aber hätte er meine Mutter nicht bestärken können bei dem großen Abenteuer, das ihr bevorsteht?

Ich war so verärgert, dass ich beschloss, ihn anzurufen. Wir sind beide unsicher am Telefon, er erklärt mir, dass er aktive Gemeindemitglieder ungern ziehen lasse. Ich erkläre ihm, warum wir die Entscheidung zusammen getroffen hatten und dass es uns allen nicht leichtfällt, das Elternhaus zu verabschieden. Ob er diesen Abschied begleiten könne? Ob er sie bitte loslassen könne, meine Mutter? Es ist ein gutes Gespräch, der Pfarrer ist so alt wie ich, er hat selber gerade seinen alten Vater in ein Altenheim gebracht. Er kennt das Leben. Er verspricht, den Übergang seelsorgerlich zu begleiten.

Als ich am nächsten Tag meiner Mutter von dem Telefonat erzähle, sagt sie, praktisch veranlagt: Hast du den Pfarrer auch gefragt, ob er Möbel brauchen kann? Ich rufe noch mal an, und siehe da, die Gemeinde hat ein Haus erworben, in dem eine afghanische Familie wohnen kann. Und da gerade Mieterwechsel ist, kann er fast alle Möbel brauchen, für die ich schon alle Hoffnung hatte fahren lassen: die großen braunen Polstersessel. Den Couchtisch. Die Vitrine. Wir sind so erleichtert, das hätte er mit zehn Bibelversen nicht schaffen können.

Und so verspeisen wir ihn nach und nach, den Elefanten. Je leerer das Haus wird, desto mehr Respekt ernten wir von unseren Besuchern. Fast alle, die jetzt ins Haus kommen, sagen entweder: Hui, habt ihr viel geschafft! Oder wahlweise: O nein, das steht mir auch noch bevor. Viele Dinge finden eine neue Bestimmung, das ist schön. Aber andere Dinge verlagern nur ein Problem. Wir werden ein Teil los. Das Teil belastet dann aber in absehbarer Zeit die Nächsten.

Ein Phänomen, von dem auch Aufräumprofis berichten. Am radikalsten die Autorin Marie Kondo, die mit ihrer Methode »Magic Cleaning« Millionen Menschen bekehren will. Sie berichtet, wie sie selber jahrelang ihrer kleinen Schwester T-Shirts und Röcke aufdrängte, die ihr selber nicht mehr passten. »Was ich getan hatte, war nichts anderes, als meine Schuldgefühle, weil ich die Dinge nicht wegwerfen konnte, unter dem Deckmäntelchen der Freundlichkeit einer anderen Person aufzudrängen.« Stimmt. Vermutlich ist die Japanerin so etwas wie eine Heilige, denn sie beteuert in ihrem Buch, sie habe das *nie wieder* getan. Weil es egoistisch sei.

Wir haben das in dem Jahr des Aufräumens ständig getan. Puh, nennt es meinetwegen egoistisch. Aber ich werde nie vergessen, wie die junge Mutter, die unseren Wäschetrockner für 200 Euro kaufte, mit interessierten Augen durchs Haus zur Waschküche lief. »Können Sie noch was brauchen«, sagte ich freundlich, obwohl ich sah: Der junge Vater, der das schlafende Kind auf dem Arm hatte, wollte auf keinen Fall seinen VW Bus mit anderen Dingen beladen als dem Wäschetrockner. Aber so richtig konnte er sich nicht wehren, er hatte ja das Kind auf dem Arm. Und so war ich froh, als die Mutter noch den ein oder anderen Kochlöffel und sogar unsere alte Auflaufform einpackte. Und: ein Ravensburger Puzzle fürs Kind. Und: eine Sandelschaufel und ein Kescher. Ja, meine Freundlichkeit war vielleicht ein Deckmäntelchen. Aber wieder war ein Regal geschafft. Und so leerte sich Zimmer um Zimmer. Der Dachboden war schon leer, das Esszimmer wies große Lücken auf, das Parkett war gefleckt mit dunklen Stellen, an denen vorher Möbel gestanden hatten. Nur ein Zimmer mochte ich nicht anfassen. Obwohl es dringend leer werden musste. Das Mädchenzimmer meiner Schwester.

KAPITEL 6

Der Bravo-Starschnitt
und die romantischen Sonnenuntergänge

Warum Geschwister unterschiedliche Räume
bewohnen. Und die Ältere sich schwerer davon trennt.

Als ich im Sommer 2017 das alte Zimmer meiner um
ein paar Jahre älteren Schwester ausräumen will, stoße
ich auf einen Starschnitt aus der »Bravo« von 1973.
Gary Glitter hatte in diesem Jahr die Charts mit dem
Schmachtfetzen »Do you wanna touch me« gestürmt.
Er trug stets einen silbernen Paillettenanzug, Plateau-
Sohlen und eine Sonnenbrille. Eine Art Wiedergänger
von Elvis. Idealer Kandidat für »Bravo«, mit jeder Ausgabe konnte man einen weiteren Körperteil des schil-
lernden Rockstars erwerben.

Meine Eltern wollten damals nicht, dass ihre be-
hüteten Töchter die »Bravo« lesen. Zu viel Sex und
Rock 'n' Roll, überhaupt zu viel Geld für so ein Schund-
heft, überflüssige Ausgabe. Als ich den Starschnitt

in der Innenseite des weißen Schleiflack-Schrankes finde, fehlen dann auch zwei Teile, der Gitarrenhals und der linke Moonboot. Aber schon erstaunlich, dass meine Schwester mit ihrem schmalen Taschengeld so viele Teile Gary Glitter zusammengespart hat. Hinter dem Rücken unserer strengen Eltern, denn sonst hätte sie die Papierteile ja auf die Außenseite des weißen Schrankes kleben können. Dazu jeden Monat ein Top-Heft mit Songtexten, darunter Lieder wie »Am Tag, als Conny Kramer starb« von Juliane Werding. Auch das stand auf dem Index unserer Eltern: Drogen, Kiffen, Exzesse – alles Tabuthemen in unserer Familie.

Ich hätte die Fundstücke aus dem Mädchenzimmer wegräumen und entsorgen können, wie ich es bis dahin mit allen anderen Räumen gemacht hatte, inzwischen war ich ja Profi. Aber irgendwas stimmt hier nicht, es fällt mir schwer, die Jugend meiner älteren Schwester einfach abzuräumen.

Dabei hatten wir genau das besprochen. Eine Arbeitsteilung, vernünftig klang das. Meine ältere Schwester und ich, wir sind ein gutes Team. Wir wissen fast immer, was die andere gerade macht, wie es ihr geht, im Zweifelsfall sogar, wo sie gerade sitzt und ihren Milchkaffee trinkt. Ein stetiger Strom an kurzen Nachrichten und Messages, früher ein Stapel von Briefen und stundenlange Telefonate. Als das Thema Hausverkauf anstand, waren wir uns sofort einig: Das

Ding ziehen wir gemeinsam durch. Im Einvernehmen oder gar nicht.

So viele Freundinnen haben sich mit ihren Geschwistern zerstritten über das Thema. So viele Familien sind ineinander verkeilt, kommen nicht weiter. So oft haben wir bei Bekannten oder Kolleginnen gehört: »Ich würde das Haus ja abgeben, aber meine Schwester hängt dran.« Oder: »Seit ich das Haus leergeräumt habe, spricht mein Bruder kein Wort mehr mit mir.« Meine Schwester und ich, wir hatten uns geschworen: Das bringt uns nicht auseinander.

Jede sollte das erledigen, was sie gut kann. Meine Schwester ist diplomierte Betriebswirtin, sie sollte das Juristische und das Ökonomische übernehmen: Gutachten bestellen, Preis verhandeln, Notarvertrag aufsetzen. Ich, die Journalistin, das Kommunikative und Organisatorische: ausräumen, weitergeben, Unterstützung organisieren.

Im Prinzip hat das gut funktioniert, ich bekam fast alle Zimmer nach und nach leer. Vor diesem einen Zimmer aber hatte ich Respekt. Heute weiß ich: zu Recht. Ich hätte die Poster von Gary Glitter, die Top-Hefte, die kritischen Bücher in ihrem Regal nicht einfach wegpacken dürfen, auch wenn wir das so vereinbart hatten. Ich hätte sie zusammenrollen und ihr vor die Tür legen – oder noch besser: mit ihr zusammen durchs Zimmer gehen sollen.

Erst jetzt fällt mir auf, wie viel pubertäre Rebellion hier versammelt ist. Poster von romantischen Sonnenuntergängen, Fotos vom ersten Freund, der für damalige Verhältnisse verwegen lange Haare hatte und rauchte. Aber es finden sich nicht nur Sex, Drugs and Rock 'n' Roll. In ihrem Bücherregal stehen auch kritische Werke über die NS-Zeit in Oberschwaben. Sie ist die Erstgeborene. Sie war es, die mit vierzehn meine Eltern bei jedem Abendessen nach der Nazi-Zeit ausfragte. Warum warst du bei der Hitlerjugend? Was hat Opa in der Partei gemacht? Alles fällt mir wieder ein. Wie ich selber, die kleine Schwester, anfing zu heulen, weil mein Vater die große Schwester anschrie am Abendbrottisch, ihr sogar einmal eine Ohrfeige gab. All dieses Aufbegehren steckt in diesem Jugendzimmer – und anstatt die Plakate einfach abzuhängen, hätte es mir gut angestanden zu sagen: Danke, Schwester, dass du diesen Job erledigt hast für uns zwei. Du hast als Erstgeborene eine Menge abgeräumt, den Weg frei gemacht für mich als Kleine. Danke für diese Schwerstarbeit.

Die Ältere, sie hat es sehr viel schwerer beim Auszug aus dem Elternhaus. Das bestätigt auch die Psychologin. Sabrina Weber erlebt das immer wieder: Das älteste Kind hat die Aufträge der Eltern zu schleppen. Und in den Elternhäusern der 60er Jahre stecken eine Menge Aufträge: Es soll jetzt wirtschaftlich immer bergauf gehen. Dieses Haus soll nur der Grundstein sein, du, mein Kind, wirst noch weit größere Häuser bauen, noch prächtigere Autos kaufen, noch mehr Wohlstand anhäufen. In unserer Familie ließe sich dieser Auftrag in einer geradezu musealen Serie immer gleicher Fotos illustrieren: Es gibt von jedem Mercedes-Typ seit 1969 ein Foto mit meiner großen Schwester davor. Immer dieselbe Pose, immer dieselbe Auffahrt zu unserem Haus. Mein Vater war Autofanatiker, und er hatte Geschmack. Es waren nicht seine privat angeschafften Wagen, sondern Dienstfahrzeuge, also gleichzeitig auch Ausweise seines eigenen beruflichen Erfolges. Die Autos wurden immer windschnittiger, das Mädchen davor wurde immer größer.

So haben sich das vermutlich viele Eltern vorgestellt: dass es immer weiter bergauf geht. Vom Realschulabschluss zum Uni-Diplom, vom Einfamilienhaus mit Garage zur Villa mit Carport, von der C-Klasse zur E-Klasse. Aber es sind Aufträge, die gar nicht zu schaffen waren für uns Kinder der 60er Jahre. Schon allein, weil der Wohlstandsoptimismus aus heutiger Sicht heillos naiv war. Es ging eben nicht immer weiter bergauf, es kam eine große Wirtschaftskrise, Massenarbeitslosigkeit, eine von niemandem vorhergesehene Bankenkrise. Und heute spüren wir den Preis von all dem, den Klimawandel. Die ganze Rechnung ging ohnehin auf Kosten der ärmeren Länder, auf Kosten der Umwelt, auf Kosten unserer psychischen und physischen Gesundheit. Alles Dinge, die man in den 60er Jahren nicht so bedacht hatte. Und in jedes Leben trafen Einschläge. Unglückliche Beziehungen, Krankheiten, Irrtümer, Umwege, Scheidungen. Nein, es ging nicht immer bergauf und wurde größer, schöner und prächtiger.

Aber diese Aufträge, sie wurden auf die Erstgeborenen projiziert. Therapeutin Weber vermutet: Viele dieser 60er-Jahre-Kinder können sich von den Häusern bis heute nicht trennen, weil sie die darin enthaltenen Aufträge noch nicht erfüllt haben.

Die Rechtanwältin Katharina Mosel sieht diese Fälle regelmäßig in ihrer Praxis. »Ich möchte nicht wissen, wie viele Häuser leer stehen und vor sich hin modern, weil die Geschwister sich nicht einigen können.« Mal ist es der Sohn, der darauf besteht, alles im Haus müsse unverändert bleiben. Mal ist es die Schwester, die jahrelang in der Nähe wohnte und die beiden weit weg Gezogenen regelrecht anfaucht. »*Ihr* seid doch damals weggezogen und habt studiert. Und jetzt wollt ihr das Haus verkaufen?«

Anwälte reden vom »Buddelkasten-Syndrom«: Konflikte aus der Kindheit werden wieder ausgegraben. »Du warst doch eh immer das Lieblingskind!«, »Du durftest aufs Gymnnasium!« Und das oft im Ausnahmezustand nach dem Tod der alten Mutter. Oft nach dreißig Jahren Funkstille, oft unter Einfluss der Ehegatten. Soll man also in den Clinch gehen mit dem eigenen Bruder? »Das fällt gerade Frauen viel schwerer, als gegen den Ehemann vorzugehen«, sagt Mosel, die überdies auch Scheidungsanwältin ist. Paarkonflikte betreffen das Herz. Familienkonflikte den Bauch.

Die erfahrene Familienanwältin setzt dann alle erwachsenen Kinder an einen Tisch zur Mediation. Manchmal braucht es fünf oder sechs Termine, bis eine Lösung gefunden ist, manche Familienmitglieder kommen dafür von weit her. »Freitagnachmittag ist der beliebteste Termin hier.« Und wenn sich Geschwister überhaupt nicht einigen können, was mit dem Haus oder mit einzelnen Möbeln passieren soll, wird die Juristin kreativ: »Ich habe mich auch schon mal mit allen Geschwistern ins Elternhaus gesetzt und die Gegenstände verlost. Ging nicht anders.«

Die Anwältin findet: Unsere Familie hatte es leichter. Meine Mutter lebt noch, wir konnten sie fragen, an welchen Dingen sie besonders hängt. »Das verhindert Legendenbildung«, so Katharina Mosel. Und ihre – nicht repräsentative, aber doch langjährige – Erfahrung sagt: Schwestern tun sich leichter. Manche Söhne zögern den Hausverkauf endlos hinaus. Lassen dieses Kunstwerk noch schätzen und jenen Rhododendron ausgraben, an dem Mutter angeblich so hing. Vielleicht sind wir Frauen pragmatischer. Oder wir können eher mit Vergänglichkeit umgehen. Denn auch Patientenverfügungen füllen weitaus mehr Frauen als Männer aus. Und der Abschied vom Elternhaus, er signalisiert ja auch: Kindheit vorbei. Lebenszeit begrenzt.

Ja, das muss ich an dieser Stelle schon eingestehen, wir hatten es gut, wir haben es ohne anwaltliche Hilfe geschafft. Aber einen Familienrat haben auch wir einberufen, mitten im Ausräumjahr. Weil eben doch Zweifel aufkamen. Wir redeten zu dritt einen ganzen Samstag lang, meine Mutter, meine Schwester und ich. Das hat zwar die Planungen durcheinandergebracht, weil wir am Familienratswochenende eigentlich schon Kisten hatten packen wollen. Ich hatte beim Spediteur schon die ersten fünfzig Umzugskisten bestellt. Mahnend standen sie neben dem Couchtisch, wo wir alles noch mal in Zweifel zogen. Ich war genervt. »Muss das sein?« Ja. Es war zu wichtig. Am Abend des Familienrats unterschrieben wir zu dritt den neuen Mietvertrag für die Mutter, brachten ihn zum Briefkasten und tranken darauf ein Bier. »Kein Champagner«, entschied meine lebenskluge Mutter, so ein Abschied ist nicht wirklich zum Feiern. Aber ein Bier zur Belohnung, dass wir es gemeinsam entschieden hatten, das war wichtig.

Es gibt eben keinen Zeitplan, der für alle Familien und alle Geschwister gleichermaßen passt. Es gibt keine App, die wie bei der Hochzeitsplanung einen Countdown anzeigt: Jetzt sind es noch 87 Tage – räumen Sie heute das Kinderzimmer aus. Morgen bestellen Sie die Putzfrau. Übermorgen melden Sie einen Flohmarktstand an. So geht das nicht. Jede Familie ist verschieden, jede Geschwisterkonstellation besonders. Es braucht die Zeit, die es eben braucht. Das sagt auch die Expertin, die auf der Grundlage von Erkenntnissen der Gehirnphysiologie für einen solchen Bindungs- bzw. Abnabelungsprozess rund zwei Jahre veranschlagt. Zwei Jahre brauchen wir im Schnitt, um den Abschied eines geliebten Menschen zu realisieren. Nach zwei Jahren Verliebtheit finden wir mit einem neuen Partner entweder zu einer echten Liebesbeziehung – oder es ist aus. Zwei Jahre, so schätzt Psychologin Weber, brauchen wir in der Regel auch, uns wirklich vom Elternhaus zu verabschieden.

Um die Konflikte unter Geschwistern möglichst gering zu halten, empfiehlt sie: Gehen Sie zusammen durchs Haus. Überlegen Sie, warum Sie welchen Posten in diesem Haus hatten. Halten Sie Spannung aus. Halten Sie aus, dass jede das Haus in anderer Erinnerung hat.

Das sagt sich so leicht. Obwohl wir Schwestern uns so nah waren all die Jahre, erinnern wir uns an manche Dinge komplett verschieden. Kindergeburtstage zum Beispiel. Wenn wir davon erzählen, klingt es, als seien wir auf unterschiedlichen Veranstaltungen gewesen. Einig sind wir uns darin, dass meine Mutter die perfekte Gastgeberin war, dass sie Schokolade mit Zeitungspapier umwickelte und wir Kinder dann reihum das Paket mit Handschuhen, Messer und Gabel öffnen mussten. Dass sie Geschenketüten für alle einwickelte und die Wohnung dekorierte. Aber während meine Schwester sich an ein volles Haus voller lärmender Kinder erinnert, fällt mir der immer nervöse Vater ein, der nicht so viele Gäste duldete, dem es schnell zu laut war und der auf ein frühes Ende der Party drängte. Waren wir auf unterschiedlichen Partys gewesen?

Fast hätten wir uns bei diesem Thema gestritten. Wer hatte denn nun recht? Aber erstens gibt es keine endgültige Wahrheit – fragen Sie dreißig Schulkinder nach einem Ausflug, und Sie denken: Die waren auf dreißig Ausflügen. Und zweitens hatte meine Schwester eine konstruktive Idee zu dem Thema: Sie lud alle Schulfreundinnen von damals, soweit sie per Facebook noch zu erreichen waren, zu ihrem 55. Geburtstag ein, ihrem letzten vor dem Verkauf unseres Hauses. Egal wie es vor fünfzig Jahren gewesen sein mag, jetzt war es Zeit für ein Abschiedsfest, es war nett und warm und sehr lustig.

Lustig hilft. Die Alternative ist leider: Rechthaberei. Ich fand zum Beispiel aus dem ersten Lebensjahr meiner Schwester drei Fotoalben. Aus meinen ersten drei Lebensjahren zusammen genau eins. Man könnte jetzt gekränkt sein als kleine Schwester. War ich auch. Bis mir einfiel, dass es von meinem ältesten Sohn ein Fotoalbum, ein Video und drei Geburtshoroskope gibt. Von meinem jüngeren nur ein halbes Album. Das lag zwar auch daran, dass genau im Jahr 2000, als mein Jüngster auf die Welt kam, die Digitalfotografie aufkam, man klebte nicht mehr so viele Fotos in Alben. Aber falls er eines Tages bei mir aufräumt, wird er womöglich genauso beleidigt sein. Das Schicksal der Zweitgeborenen.

Oder er ist froh, dass ihm der Quatsch mit dem Horoskop erspart geblieben ist. Ich habe nie an Astrologie geglaubt, es waren gut gemeinte Geschenke von esoterisch angehauchten Freundinnen. Aber gelesen habe ich sie seinerzeit im Wochenbett. Immer wieder. Dass der Erstgeborene willensstark wie ein Löwe sein würde, stand da, immer zum Angriff bereit. Das habe ich, das gebe ich ganz freimütig zu, gern gelesen damals. Hoffentlich habe ich ihn nicht dazu erzogen, so zu werden wie in dem Horoskop.

Haben es die Jüngeren also leichter? Weniger Aufträge, weniger Beobachtung der ersten Lebenswochen? Bestimmt. Das Los der Jüngeren ist allerdings auch, dass die Eltern die Aufträge, die ganz offensichtlich der oder die Erstgeborene nicht erfüllen wird, an den Nächstfolgenden delegieren. Letzte Chance aus Sicht der Eltern.

In meinem Fall war es das gesamte Hausfrauenpro-
gramm der Sechziger Jahre. Meiner älteren Schwester
hatten sie das Leistungs-Gen implantiert, hatten ihr
Rennautos geschenkt und mit Spielgeld das Rechnen
beigebracht. Das gesamte Programm des Bestsellers
der damaligen Zeit, »Wohlstand für alle« von Ludwig
Erhard. Für mich blieb »Dr. Oetker«. Die Botschaft an
mich war: Du wirst einmal eine gute Hausfrau.

»Deine große Schwester kann ja gar nicht kochen«,
sagte mein Vater manchmal, »aber du wirst meine
kleine Hausfrau.« Das wiederum war das Gegenteil
dessen, wozu ich Lust hatte, denn inzwischen waren
die Siebziger angebrochen. Alice Schwarzer hatte
den »Kleinen Unterschied« geschrieben, den ich mir
aus der Stadtbücherei in Ravensburg auslieh. Selbst
im katholischen Oberschwaben waren in der Wal-
purgisnacht die ersten Hexen los, und unsere jungen
Lehrerinnen brachten Gedichte von Friederike May-
röcker und Schallplatten der Berliner Emanzen-Band
»Schneewittchen« in die Deutschstunde mit.

Beide Botschaften begleiten die Kindheit der 6oer-
Jahre-Mädchen. Sei erfolgreich und mach uns stolz!
Und gleichzeitig: Sei hübsch und bekoche deinen
Mann! Furchtbar anstrengend klingt das. Und das war
es vermutlich auch. Es ist befreiend, durchs Haus zu
gehen und genau diese Dinge zu suchen: die Mäd-
chensachen. Und die Jungssachen.

KAPITEL 7

Aufstand in der Puppenstube

*Warum wir Mädchen der 60er Jahre doppelte
Botschaften empfingen. Und wie wir uns damit
versöhnen können.*

Alles könne ich aufräumen, verschenken, entsorgen –
aber zwei Dinge müssten unbedingt aufbewahrt werden. Der Kaufladen und die Puppenstube. Das waren
die beiden Spielzeuge, auf die meine Schwester und
meine Mutter unisono großen Wert legten.

Den Kaufladen aus massivem weißen Holz mit
blauen Streifen hatten wir Schwestern in lustiger Erinnerung. Er wurde das Jahr über auf dem Dachboden
versteckt, erst zu Weihnachten entstaubt und aufgestellt. Immer an Heiligabend gab es neue Produkte –
Jacobs-Kaffee, Persil, Frischkäse-Ecken oder ein
Sechserpack frische Eier in Miniaturformat. Aus be-
druckter Pappe, aus Holz, aus Plastik. Und einmal, es
muss 1970 gewesen sein, gab es an Heiligabend dann

eine neue Registrierkasse, die sogar »pling« machte, wenn man alle Waren eingegeben hatte.

Wir liebten den Laden, weil Kinder alles lieben, was in Miniaturformat hergestellt wird. Es macht ihre Welt beherrschbar, sie spielen kleine Erwachsene, weil plötzlich alles ihre Dimension und ihre Proportion hat. Sie werden im Kaufladen zu kleinen Erwachsenen, wie das freche Gör, das derzeit in der Supermarktwerbung blökt: »Dann geh doch zu Netto!«

Wir liebten den Laden aber auch, weil mein Vater mit uns lustige Einkaufsspiele erfand. Wir waren die Verkäuferinnen, er war der Kunde. Und immer hatte er ausgefallene Wünsche, die wir nicht erfüllen konnten. Autoreifen? Quatsch, das gibt's doch nicht im Lebensmittelladen. Und immer versuchte er uns beim Bezahlen zu überlisten. Sie haben mir zu wenig Wechselgeld gegeben, Fräulein, ha, das kann doch gar nicht sein, dass die Wurst fünf Mark kostet.

Der Kaufladen musste also erhalten werden. Aber die Puppenstube? Auch die kam immer zu Weihnachten aus dem Dachbodenversteck. Auch sie ist mini und niedlich, aber sie ist nicht lustig. War nie lustig gewesen. In der Puppenstube sitzen zwei brave Kinder an einem ordentlich gedeckten Tisch. Darauf stehen kleine, ordentliche Porzellanteller mit Goldrand. Nebenan im zweiten Zimmer wartet ein scheußliches Doppelbett auf das freudlose Ehepaar. Lustige Spiele fielen uns dazu selten ein. Das Einzige, worüber wir als Kinder ständig kichern konnten, war der Nachttopf aus Porzellan unter dem Ehebett.

»Die Puppenstube willst du nicht ernsthaft mitnehmen, oder?«, sagte mein Mann, der mir im Sommer 2017 beim Ausräumen half. Er hatte gute Argumente. Die Puppenstube passt nicht in unseren Kofferraum, wenn der Kaufladen auch mit sollte. Die Puppenstube ist nicht wirklich wertvoll, es gibt sehr viel besser erhaltene, kunstvoller gezimmerte Exemplare auf Flohmärkten. Und: Sie ist unfassbar spießig. Sie aufzuheben hätte in etwa bedeutet: Nun haben wir das ganze Elternhaus mit seinem 60er-Jahre-Mief entsorgt, aber ausgerechnet diese Zweizimmerwohnung en miniature wird erhalten.

Aber ich brachte es nicht fertig, sie wegzugeben. Erstens hat sich mein Urgroßvater seinerzeit viel Mühe damit gemacht. Er hatte sie mitten im Zweiten Weltkrieg für seine Kinder gezimmert, darum finde ich es auch nicht schlimm, dass die Tapeten von den Wänden blättern und eine Vorhangstange abgebrochen ist. Ich stelle mir vor, dass mein Uropa, den ich nicht mehr erlebt habe, mit der Puppenstube ein bisschen Wärme in die traurigen Kriegstage gebracht hat, das will ich wertschätzen. Egal wie abgeblättert das Ding aussieht. Offenbar sind die Schäden ja nicht nur Beweise für billiges Material und unsachgemäße Aufbewahrung. Sondern Spuren einer Kriegskindheit.

Mit dem zweiten Einwand hat der Gatte allerdings recht. Sie ist unfassbar spießig. Sie steht jetzt wie ein Biedermeiermuseum in meiner schicken Loftwohnung in Köln. Zwischen Apple-Geräten und Loungesofa. Brutaler Stilbruch. Aber so war unsere Mädchen-Kindheit in den Sechziger und Siebziger Jahren eben, ein einziger Stilbruch. Nichts passte zusammen. Die Erwartungen des Vaters, das Vorbild der Mutter, die Aufträge und Botschaften, es ging ganz schön viel durcheinander in unserer Generation.

Unsere Mütter lebten uns das gesamte Dr.-Oetker-Programm der Adenauerjahre vor. Meine Mutter hatte zwar nach der Mittleren Reife eine Lehre als Arzthelferin gemacht und arbeitete beim beliebtesten Doktor der Stadt. Er muss eine Institution gewesen sein, er half bei allen Höhen und Tiefen des Lebens. Sogar bei ungewollten Schwangerschaften, und das wollte etwas heißen im tiefschwarz katholischen Oberschwaben der 50er Jahre. Ein Vollblut-Arzt mit einer tüchtigen Helferin, meiner Mutter.

Es gehörte zum grausamen Rollback der Nachkriegszeit, dass mein Vater bei der Eheschließung darauf bestand, dass sie ihren Beruf aufgeben solle. Wie oft haben wir diese Geschichte gehört als Kinder. Mein Vater marschierte am Tag der Verlobung erhobenen Hauptes in die Arztpraxis und verkündete: »Meine

Frau muss ab sofort nicht mehr arbeiten.« Nach über zehn Jahren, in denen sie über eigenes Einkommen, eigenes Wissen und großen Stolz verfügte, wurde sie 1957 zur Hausfrau gemacht.

Einer perfekten Hausfrau. Davon zeugt der halbe Hausrat, den wir 60 Jahre später ausräumen. Rezeptbücher aus der Haushaltsschule, wo sie das Kochen und Bügeln erlernte. Cocktailspieße, mit denen sie für Geschäftsbesuche meines Vaters dekorative Schinken-Perlzwiebel-Häppchen herrichtete. Ein silberner Rechen, mit dem sie auf die Butter eine kunstvolle Dekoration zauberte. Eine schier unendliche Menge an Tortenplatten, Saucièren, Aufschnitt-Tellern mit Goldrand und schwerem Besteck, das man ja nicht in die Spülmaschine stecken darf. Alles Dinge, die es mir beim Ausräumen schwer machten. Nicht nur, weil Spieße ausgestorben sind und fette Saucen in meiner eigenen Familie selten gekocht werden. Und wenn überhaupt, dann im Kochtopf auf den Tisch kommen. Völlig undiskutabel auch alles, was man von Hand spülen muss. In meinem Haushalt, mit berufstätigen Eltern, Pendelstress und vielfach verabredeten Kindern muss es meistens schnell gehen. Was sollte ich mit all dem umständlichen Geschirr?

Aber es gab noch einen zweiten Grund, der mich die Dinge schief angucken ließ. Meine Mutter hatte mir so oft erzählt, wie traurig sie war, ihren Beruf aufzugeben.

Und wir hatten in der Stadt oft ehemalige Patienten getroffen, die sich an sie erinnerten. Wie oft hörte ich als Kind diesen Ausruf völlig fremder Passanten, »Fräulein Wagner! Sie sind's doch, die Helferin vom Doktor Kohler!« Wie oft hatte ich als Kind gesehen, wie sie dann strahlte, wieder das Fräulein Wagner, ein Strahlen, das ich bei der verheirateten Frau Ott beim Dekorieren der Wurstplatten nur selten wahrnahm.

Für uns Töchter war klar: Das passiert uns nicht. Nie würde uns ein Mann die Berufstätigkeit verbieten, immerhin hatten sich in den 70er Jahren auch die Gesetze geändert, eine Frau brauchte nach 1977 nicht mehr die Erlaubnis ihres Mannes, wenn sie arbeiten wollte. Und derselbe Vater, der seiner Ehefrau Ende der Fünfziger das Arbeitsverhältnis aufgekündigt hatte, setzte in den Siebzigern viel Ehrgeiz daran, beruflich erfolgreiche Töchter heranzuziehen.

Diese gemischten Botschaften sprechen aus all dem Haushaltskrempel, den man heute in Elternhäusern ausräumt. Perfekt im Haushalt und ehrgeizig im Beruf – was für eine unsinnige Überforderung.

Es wäre schön, man könnte diese Dinge wertfrei anschauen. »Nicht werten«, rät Psychotherapeutin Sabrina Weber, »sondern immer Fragen stellen: Wie war das damals? Was hast du damit gekocht? Wie hast du dich gefühlt?« Immer den Respekt walten lassen vor der Zeit, in der unsere Eltern gelebt haben. Mit dem

Erbe der Nazizeit, mit Mutterkreuz und dem Nazi-Bestseller »Die deutsche Mutter«, den die Generation unserer Mütter und Großmütter verinnerlicht hatte. Immer versuchen zu verstehen.

Klingt vernünftig. Aber gelingt nicht immer. Ich war jahrelang wütend auf all die Küchentechnik zu Hause, als ob der Butter-Rechen (es gab ihn übrigens auch in Großformat für die Fransen der Teppiche) uns eine Ordnung aufzwang, gegen die wir unbedingt rebellieren mussten. Ich fand es ungerecht, wenn man meiner Mutter zu Weihnachten einen »Zyliss«-Häcksler schenkte. Beschloss unbewusst, lieber nicht allzu gut kochen zu lernen. Um nur ja nicht in der Küche hängen zu bleiben. Das war definitiv eine blöde Idee. Kochen ist was Wunderbares. Aber ich war nicht die Einzige meiner Generation, die heftige Abstoßreaktionen gegen alles entwickelte, was nach Küche aussah.

Gisela Erler, einst Psychologin beim Deutschen Jugendinstitut in München, hat es auf einer Männertagung einmal so ausgedrückt: Wenn wir den Zivildienst nicht gehabt hätten, könnte heute gar keiner mehr kochen. Wir Mädchen verweigerten reihenweise die Küchenarbeit aus Angst, das Schicksal unserer Mutter zu erben. Und Jungs waren ohnehin verzogene Bengels. So konnte man in den Achtzigern froh sein, dass ein paar langhaarige Zivis im Altenheim lernten, wie man eine Hühnersuppe zubereitet.

Vieles hat sich seither wieder verändert. Kochen können ist heute Lifestyle, heute kann man Gourmet-Köchin und vor allem Gourmet-Koch sein und gleichzeitig ein Dax-Unternehmen leiten. Aber schade ist es, dass wir Mädchen der 60er Jahre die Haushaltsarbeit so brandgefährlich fanden, dass wir die Finger davon ließen.

Nicht nur das Kochen, auch das Handarbeiten war schwerstens belastet. Als wir das Haus ausräumten, stellte sich die Frage, was wir mit der Pfaff-Nähmaschine anfangen sollten. Meine Mutter wollte sie nicht mitnehmen, weil ihre Augen mittlerweile zum Nähen zu schlecht geworden waren. Mein 18-jähriger Sohn fand sie kultig und schlug mir vor, sie zu retten, aber die Nähmaschine löste bei mir dieselbe Hausfrauen-Allergie aus wie der Zyliss-Häcksler. Mir war, als würde ich mit einer Pfaff-Nähmaschine automatisch per Zickzack an den Haushalt genäht.

Wie dumm von mir. Das merkte ich, als mein Sohn die Maschine bei eBay versteigerte. Sie brachte stolze 200 Euro ein, der Sohn war allerdings schon wieder am Studienort, als die Übergabe stattfinden sollte. Per WhatsApp bat er mich, die Maschine dem Käufer zu bringen, morgens um 8 Uhr an der Pforte von RTL. Als ich den schweren Pfaff-Koffer einem jungen, hippen RTL-Producer mit Haardutt und großen Rehaugen übergab, fragte ich ihn, ob seine Mutter sich schon freue auf die Maschine. Nö, sagte er, ist für meine Freundin. Aha, man kann also auch Steppstiche nähen und gleichzeitig cool sein.

Es gibt also Hoffnung, dass die nächste Generation es schafft, die traditionell weiblichen Fähigkeiten wieder in ihr Leben zu integrieren. Denn Nähen kann praktisch und dekorativ sein. Und wer andere bekochen kann, macht sich und andere glücklich. Gilt für beide Geschlechter und auch ganz ohne ideologischen Überbau.

Meine Generation ist da nicht so locker. Und kann froh sein, dass sich die biodeutsche Adenauer-Gesellschaft irgendwann öffnete. Mit den ersten italienischen Gastarbeitern kamen Männer, die Pizza buken. Aha, Männer können kochen. Und man braucht noch nicht mal Butter-Rechen und Zyliss dafür! Und griechische Männer können nähen! Da kam was in Bewegung, neue Bilder entstanden.

Als ich selber Mutter wurde, wäre es wirklich praktisch gewesen, ich hätte mir früher mehr Kochen und Handarbeiten von meiner Mutter abgeguckt. Mit vierzehn in Ravensburg war ich auf eine seltsame Art stolz darauf, dass meine selbst gehäkelten Topflappen unbrauchbar schief und krumm waren. Mit vierzig habe ich dann sehr mit meiner pubertären Häkelnadel-Verweigerung gehadert. In Köln muss der Mensch handarbeiten können, wenigstens an Karneval. Die Schule meiner Söhne läuft beim »Schul- und Veedelszoch« am Sonntag vor Rosenmontag mit, und ich saß überfordert mit dem elfjährigen Sohn und dreißig Müttern vor Weihnachten im Bastelraum der Schule. Wir sollten Kostüme nähen für das Motto »Germanys next Pott-Modell«, eine halbwegs witzige Persiflage auf die Fernsehsendung. Der Pott, ein Topf aus gelbem Stoff, musste über ein Drahtgestell gezogen und vernäht werden. Vernäht! Von Hand!

Eine Mutter nach der anderen kippte an diesem verregneten Adventssamstag ihr Handarbeitstrauma aus den 70er Jahren in den Werkraum der Schule. Nähen! Das konnte ich nie! Ich sollte als Kind eine Schürze nähen. Langes Fädchen, faules Mädchen. Unsere Kinder, die einfach nur ihre gelben Potthüte haben wollten, fanden die Gender-Anekdoten ihrer Mütter mäßig spannend. Und es war ein Segen, dass ein griechischer Vater die ganzen halb fertigen Hüte ergriff und eine Naht nach der anderen setzte. Ohne ein Wort zu verlieren. Unsere Kinder werden ihm ewig dankbar sein.

Die Frage im Sommer 2017: Was mitnehmen von den unzähligen Mädchenutensilien im Elternhaus? Entsorgt habe ich jede Menge Technik: Dampfkochtöpfe, Zyliss, Römertopf, schwere Küchenwaagen, unpraktische Messbecher. Ich selber mochte damit nicht kochen, längst gibt es leichtere, praktischere Küchengeräte. Und auf dem Markt sind diese Geräte nichts mehr wert. Noch nicht mal Museen sind an der Küchen-technik der Sechziger und Siebziger Jahre interessiert, bestätigt Renate Flagmeier vom Berliner »Museum der Dinge«. Küchentechnik bekomme sie am häufigs-ten angeboten, erzählt sie – aber die Museen sind mitt-lerweile voll davon. Man muss das Zeug verschenken oder entsorgen.

Die Puppenstube habe ich mitgenommen, soll sie doch als Fremdkörper in meiner modernen Groß-stadtwohnung stehen. Sie polarisiert. Meine Freundin Flora, geboren 1960, setzt ab und zu kleine Monster-puppen oder Tyrannosaurus-Rex-Figuren zwischen die braven Puppenkinder auf dem Sofa. Die Freundin meines Sohnes, geboren 1998, findet die Puppenstube gar nicht spießig, sondern »total süß«. Ja klar, als Mäd-chen der 90er Jahre, das nach dem Abitur schon mal ein Jahr um die Welt gefahren ist, muss man ja auch keine Angst haben, dass man subito auf dem kleinen Polstersofa angekettet wird, wenn man mit den Pup-penkindern spielt.

Meine Mutter wusste sehr viel genauer als ich, was sie unbedingt mitnehmen wollte aus dem großen Haus-halt. Nur wenige Teller, Töpfe und Pfannen, ganz prag-matisch, weil sie in der Küche im Betreuten Wohnen weniger Platz haben würde als im großen Haus. Aber auch: alles, was warm macht. Elektrische Heizdecken, energetisch eine Katastrophe, aber damit hatte sie uns fast vierzig Jahre lang unsere Betten angewärmt, bis wir aus unserer anstrengenden Businesswelt am Wochenende zu Besuch ins Elternhaus kamen. Und eine uralte Wärmflasche aus Emaille, die mindestens einen Krieg überstanden hat.

Die Wärmflasche suchte sie dann, wie eingangs erwähnt, auch am Vorabend des Umzugs, als wir im komplett leeren Haus auf einer Campingmatratze der Nachbarin saßen und den Plan noch mal durchgingen für den nächsten Tag. Erst dann fiel uns ein, dass der Wasserkocher ja schon längst in einer Umzugskiste verpackt war.

Eigentlich war sie, die 87-Jährige, die Bedürftige an diesem Abend. Abschied von fünfzig Jahre Leben. Sie hätte es verdient, dass ich sie umsorge. Aber als wir am nächsten Tag, nach wenig Schlaf und einer nervösen Autofahrt, im neuen Zuhause ankamen, war sie es, die zielsicher die richtige Umzugskiste öffnete, die blecherne Wärmflasche hervorzog und sagte: »Jetzt leg dich erst mal aufs Sofa, ich mach's uns warm.« Da waren wir angekommen.

KAPITEL 8

Ein Teil vom kollektiven Gedächtnis werden

*Warum wir nicht alles selber sammeln müssen.
Und wie moderne Museen mit Kitsch, Kunst und
Krempel umgehen.*

Das »Museum der Dinge« in Berlin liegt mitten in
Kreuzberg, und schon auf dem Weg zu dem rot ge-
klinkerten ehemaligen Werkstattgebäude gibt es lau-
ter kleine Dinge zu entdecken, die man in dieser Kombination wahrscheinlich nur in Berlin antrifft. Den
Fahrradladen »Zentralrad«. Die Kita »Wassertropfen«.
Die ehemalige Blindenanstalt von 1928, die bis heute
Bürsten und Besen verkauft, das traditionelle Produkt,
das Menschen mit Sehbehinderung herstellten. Heute
kauft man in dem kleinen, feinen Designshop auch
edle Papeterieartikel und trinkt einen Latte Macchi-
ato, alles hergestellt von Menschen mit Einschränkun-
gen. Durch einen alten Durchgang der Blindenanstalt
geht es ins »Museum der Dinge«.

Hier werden Dinge des 20. und 21. Jahrhunderts gesammelt, also Gebrauchsgegenstände der Massenproduktion. 40 000 Objekte stehen in der alten Fabrik-
halle, nach Themen geordnet. Von der Teekanne bis
zum Turnschuh, von der Obstschale bis zum Werbe-
plakat. Alle paar Wochen gibt es eine »Ding-Sprechstunde«: Wer bei den Eltern den Dachboden oder bei
den Großeltern das Haus räumt, kann die Sachen von
Experten schätzen lassen. Gut besuchte Workshops
veranstaltet das Museum für seine Besucher, um sie zu
schulen im Blick: Ist es Kunst? Oder ist es Krempel?

»Kunst oder Krempel« heißt seit 30 Jahren auch eine
Sendung im Bayerischen Fernsehen, sie war schon
früh dran mit dem Trend, der inzwischen fast alle
Fernsehkanäle erfasst hat. »Bares oder Rares« läuft im
ZDF, »Was schätzen Sie« beim ORF. Zur besten Sen-
dezeit fiebern Zuschauer mit, ob dieser Kerzenleuch-
ter oder jenes historische Schiff wirklich ein Vermögen wert ist. Oder eben nur »Krempel«.

Wer zur Sprechstunde im Berliner »Museum der
Dinge« geht, möchte nicht nur wissen, wie viele Euros
seine Fundstücke bei eBay oder auf dem Flohmarkt erzielen können. Sondern auch: Kann das Museum selber oder ein befreundetes Museum den Gegenstand
für seine Sammlung gebrauchen? Wenn dies gelingt,
ist es eine wunderbare Erfahrung. »Wir reanimie-
ren die Dinge«, sagt Flagmeier, »wir führen sie einem

neuen Leben zu.« Mit einer neuen Erzählung, denn oft sind es erst die Texte zu einem Gegenstand, die ihn richtig interessant machen.

Der Haken daran: Es finden sich nur noch ganz selten Dinge, die nicht schon von anderen Besuchern vorbeigebracht wurden. »Fast immer müssen wir die Leute enttäuschen«, sagt Museumschefin Renate Flagmeier, »wir haben inzwischen fast alles aus allen Epochen.« Selbst der gut erhaltene Grundig-Plattenspieler, der klassisch designte Braun-Toaster, die Teekanne von Arzberg – »alles schon da. Wir werden jetzt immer strenger bei der Auswahl«. Anderen Museen gehe es ähnlich, sagt die Kuratorin: »Die meisten ersticken an Objekten. Unser großes Thema lautet: ›Entsammeln‹. Denn auch das Aufbewahren kostet Geld. Und öffentliche Mittel werden eher weniger als mehr.«

Der Grund für die Enttäuschung – im Fernsehen oder im Museum – ist profan: Wir leben seit 70 Jahren im Frieden. Nichts ist kaputt gegangen durch Krieg und Zerstörung. Das heißt: Es gibt von allen Dingen, ob von Rosenthal-Porzellan oder Beatles-Schallplatten, viel, viel, viel.

Die Massenproduktion von Waren setzte Ende des 19. Jahrhunderts ein. Durch die Industrialisierung war es möglich, am Fließband große Mengen von fast allem herzustellen. Der zweite Schub erfolgte durch den Wirtschaftsaufschwung der Nachkriegsjahre. Man kann sich das Wachstum gar nicht rasant genug vorstellen. Allein zwischen 1950 und 1955 wuchs der Umsatz der Deutschen Möbelindustrie um 120 Prozent, in den nächsten fünf Jahren um weitere 62 Prozent. Man wollte zeigen, dass man es geschafft hat. Man wollte nichts »Zusammengewürfeltes« mehr, man verachtete die gebrauchten Möbel, die nach dem Krieg von Wohlfahrtsverbänden verteilt worden waren. Man wollte neue, herzeigbare Möbel. Allein deshalb gibt es von allen Schränken, Küchenkästen und Tischen, die wir in unseren Elternhäusern finden, auch heute noch unzählige Exemplare.

Das war auch politisch gewollt. Die Berliner Kulturwissenschaftlerin Bettina Günter beschreibt in ihrer Dissertation mit dem schönen Titel »Blumenbank und Sammeltassen«, wie die Alliierten in der Westzone die Produktionsanlagen stehen ließen – damit die Deutschen bald ihre Reparationszahlungen leisten konnten. Im Gegensatz zur Sowjetzone, wo die Maschinen abgebaut worden waren. Die Westdeutschen sollten kaufen, sie sollten bauen, sie sollten den Kapitalismus nach vorne bringen.

Und das haben sie getan, jeder, so gut er konnte. Günter hat Familien in unterschiedlichen Berliner Bezirken befragt nach ihren Anschaffungen in den 50er und 60er Jahren. Verblüffend: Gerade in den Arbeiterhaushalten wurde neben dem Alltagsgeschirr ein

»gutes Geschirr« gekauft. Für Gäste, für Weihnachten, für den Sonntag. Von Montag bis Samstag blieb es oft in einer staubsicheren Glasvitrine, ausgestellt wie das Allerheiligste. Die Unterscheidung zwischen Alltags- und Sonntagsobjekten kommt vor allem aus der Arbeiterklasse, fand der Soziologe Pierre Bourdieu heraus. Schließlich hatte man lange dafür gekämpft, dass der Sonntag arbeitsfrei wird. Später auch der Samstag. »Samstag gehört Vati mir«, dieser Slogan der Gewerkschaften von 1954 brauchte noch viele Jahre, um Gehör zu finden. Umso wichtiger war es, sich mit den herzeigbaren Dingen ein bisschen Luxus zu gönnen. Freizeit. Eine ganz neue Kategorie.

Seit es die Massenproduktion gibt, gibt es auch die Sorge um Schund, Kitsch und Überflüssiges. Als Gegenbewegung gegen den schlechten Massengeschmack gründete sich 1907 der Werkbund, er betreibt bis heute das »Museum der Dinge«. Sein Gründungszweck: ehrliche Dinge herstellen, vernünftiges Material, sachliches Design. Hermann Hesse schrieb 1912 über den Werkbund: »Im Deutschen Werkbund arbeiten Künstler mit Handwerkern und Fabrikanten zusammen, und zwar gegen den Schund zugunsten der Qualitätsarbeit.« Wichtige Vertreter dieser neuen Sachlichkeit waren Walter Gropius und Ludwig Mies van der Rohe.

Das »Werkbundarchiv« gibt es also schon fast

100 Jahre, das »Werkbundarchiv – Museum der Dinge«
in der heutigen Form aber erst seit 2007. Als »offenes
Depot«, das nicht nur Objekte aus Werkbund und Bauhaus ankauft und sammelt, sondern auch andere All-
tagsgegenstände, nach Themen geordnet. Nach zehn
Jahren des Sammelns und Aufkaufens sind die Lager,
wie erwähnt, so gut wie voll. »Ich sehe dann die Enttäuschung, wenn eine Enkelin sagt: Meine Oma hat
damit so toll gebacken! Und ich muss ihr sagen, dass
es diesen Mixquirl hundertfach gibt.« Und dass beim
Übergang von der individuellen in die kollektive Erinnerung nicht immer dieselben Maßstäbe gelten. »Was
für den Einzelnen wichtig ist«, so die Kuratorin, muss
für das Kollektiv nicht zwangsläufig wichtig sein.« Aber
sie gibt zu: »Auch mich rührt es an, wenn ich sehe, was
von einem Leben übrig bleibt.« Dafür gibt es in ihrem
Museum dann auch die Aufräum-Workshops – man
gibt sich gegenseitig Tipps, bei welchem Hofflohmarkt
oder auf welcher Webseite man dieses oder jenes Fund-
stück weitergeben kann.

Denn das findet die Kuratorin richtig: nicht alles
selber aufbewahren. »Wir Museen haben eine Ent
lastungsfunktion für die Bürger«, so die Kulturwissenschaftlerin. Sie erinnert an ihre Ausstellung »Böse
Dinge« vor einigen Jahren. Da konnten Bürger Gegenstände abgeben, die sie immer gehasst hatten, aber
nicht wegwerfen konnten. Ein Berliner lieferte eine

rote Vase ab und schrieb dazu: »Liebe Vase, ich bin froh, dass du jetzt hier sein darfst.« Entlastung.

Nicht jeder von uns muss alles aufheben. Genau dafür haben wir Museen. Museen sammeln seit 1945 – grob sortiert – nach drei Kategorien, so der Grazer Kurator Burkhard Pöttler: Geräte zur Technisierung des Haushalts, also Küchengeräte, Staubsauger etc. Dann auch Geräte, die den Eintritt in die Mediengesellschaft dokumentieren, vom Computer bis zum Handy. Und Gegenstände zur Mobilität, vom Vesparoller bis zum Elektroauto. Für alle drei Bereiche gibt es hervorragende Museen im deutschsprachigen Raum.

Wer mit dem Gedanken spielt, sein altes Schnurtelefon aufzubewahren, damit er später mal den Enkeln zeigen kann, was Festnetztelefonie war, muss damit nicht unbedingt den eigenen Keller belasten. Er kann mit dem Enkel ins Museum gehen. Gerade für die Geschichte der Kommunikation gibt es in Berlin und in Frankfurt hervorragende Museen. Ein Röhrenfernseher im Museum entlastet viele tausend Keller. Dafür sind Museen schließlich da: um das kollektive Gedächtnis einer Gesellschaft zu sichern.

Dabei haben Museen auch ihre Sammelmethode umgestellt. Durch die Digitalisierung fällt es dem einen Museum leicht, auf ein anderes zu verweisen. Ohnehin hat sich das Interesse der Besucher verändert. Sie besuchen lieber eine Ausstellung über »Liebesbriefe«

oder über »Märklin-Welten«, als ein Museum vom Erdgeschoss bis zum dritten Stock abzuwandern und die Geschichte der Post oder der Architektur chronologisch zu erfassen. Ähnlich wie bei den Zoos: Früher hatte jeder Tierpark den Ehrgeiz, von jeder Art ein Exemplar zu züchten. Heute teilt man sich die Themen auf. Hamburg züchtet Elefanten. Frankfurt Gorillas.

Man muss nicht alles selbst besitzen. Ein Gedanke, der bei jungen Leuten schon sehr viel weiter verbreitet ist, als bei uns alten. Sie definieren sich weniger über Statusobjekte als ihre Eltern, ein Lebensstil trägt mehr zur Identität bei als ein Gegenstand. Wer vier Wochen im Flüchtlingsheim geholfen hat oder bei einem abgedrehten Festival war, gilt in der Clique mehr als der Kumpel, der ein neues Auto hat. Autos werden inzwischen geteilt, Werkzeuge verliehen – für den Planeten wäre es eine segensreiche Nachricht, wenn sich der Trend fortsetzt. Wenn wirklich weniger hergestellt und konsumiert würde.

Wir Älteren müssen an dieser Idee noch arbeiten. Die meisten von uns kaufen gern. Wir besitzen gern. Wir bewahren gern. Die Möbel, die Häuser, die Heimat. Dabei, so der Schriftsteller Ralf Rothmann, lehren uns im Moment die vielen Geflüchteten in unserem Land, dass man von heute auf morgen seine Dinge verlieren, sein Haus zurücklassen kann. »Irgendwann wird jeder einmal von irgendwo vertrieben werden«, so der Literat, »wehe dem, der dann keinen Ort über dem Ort hat.« Die geistige Verwurzelung sei etwas Metaphysisches, so Rothmann, sie brauche keine Gegenstände. Und keinen festen Ort. Steht schon in der Bibel. »Denn wir haben hier keine bleibende Stadt, sondern die zukünftige suchen wir.«

KAPITEL 9

Das Leben ist zu kurz für schlechte Gummistiefel

*Was wir gegen das Gefühl tun können, im Zuviel zu
ersticken – und wie wir von unseren Großeltern eine
Lektion in Nachhaltigkeit lernen können.*

Kann der Besuch auf einer Mülldeponie glücklich
machen? Vielleicht ist glücklich dabei nicht die richtige Kategorie. Wie nennt man das Gefühl zwischen
Erleichterung, Melancholie und Schuldbewusstsein?
Dieses Gefühl, wenn man, den Kofferraum voller ka-
putter Nachtkästchen, zerbrochener Lampenschirme
und zerkratzter Skier, auf den Recyclinghof fährt.
Wenn man zuschaut, wie die Dinge, in die Eltern oder
Großeltern einst viel Geld und Herzblut investiert haben – wenn sie in diese tiefe Grube fallen, umgehend
zermalmt von einer kräftigen Hydraulikpresse. Man ist
froh und dankbar, dass der Kofferraum auf dem Rück-
weg leer ist. Aber man spürt auch: viel zu viel Schrott,
der sich bei uns allen zu Hause anhäuft.

Aber es gibt dann auch diese Glücksmomente auf der Mülldeponie. Als wir in Ravensburg den Bücherschrank ausräumten, fanden wir ein Dutzend Bildbände über die Stadt. Ähnlich wie alte ADAC-Reiseführer, »Traumstraßen Europas« und »Deutschlands schönste Burgen« waren auch die Ravensburg-Bücher nicht mehr in allzu gutem Zustand. Die Fotos verblichen, die Seiten vergilbt. Meine Mutter suchte die schönsten zwei aus, um sie mit ins neue Zuhause zu nehmen – die anderen beschlossen wir zu entsorgen.

Als wir auf dem städtischen Recyclinghof standen und gerade die ersten Ravensburg-Bücher in den Container für »Altpapier und Pappe« werfen wollten, sprach uns ein alter Herr mit einem Lederkoffer an. Was wir da wegwerfen. Ob wir noch mehr Bücher über die Stadt haben. Und wir luden unser Dutzend Heimatbücher nicht in den Container, sondern in seinen Koffer.

Das kann man so oder so interpretieren. Im schlechteren Fall haben wir das betrieben, was Mary Condo »Problem-Verschiebung« nennt. Vielleicht hat die Ehefrau des alten Herrn ihn zur Müllkippe geschickt, um Krempel wegzuwerfen, und nun hatten wir ihm neuen Krempel in seinen Koffer geräumt. Im besseren Fall hat er gute Gründe, diese Bücher nicht wegzuwerfen, sondern zu lesen, die Heimatgeschichte zu erforschen, alte Bekannte auf den Bildern zu entdecken. Das wäre wunderbar.

Das Wegwerfen, es fällt der Kriegsgeneration viel schwerer als uns. Weil sie hart arbeiten musste, um Dinge zu erwerben. Lange haben wir Jungen uns darüber lustig gemacht. Haha, die Oma, deren Wohnung man nach ihrem Tod ausräumen musste, die hatte fünfhundert Plastiktüten ordentlich gefaltet im Schrank, ein bisschen wunderlich. Wirklich? War es nur der Tick einer alten Dame, der langsam die Sinne geschwunden sind? Oder war das Sammeln von Tüten für den Erhalt des Planeten gar keine verrückte Idee? Jedenfalls geistig gesünder, als bei jedem Supermarktbesuch eine neue Plastiktüte zu verlangen. Jeder kennt die Bilder von den Walen, deren Magen überquellen vor unverdautem Plastik. Jeder hat inzwischen gelesen, dass Amazon und andere Online-Händler zurückgeschickte Ware oft mitsamt der Plastikverpackung zerhäckseln. Glücklich machen diese Bilder jedenfalls nicht.

Darum steht es uns Jungen gut an, wenn wir uns beim Ausräumen nicht lustig machen über die alten Gummistiefel von Opa, die er nicht wegwerfen konnte. Sondern den Hut abziehen vor seinem Spruch: »Das Leben ist zu kurz für schlechte Gummistiefel.«

Die Kulturwissenschaftlerin Bettina Günter befragte für ihre Doktorarbeit an der Universität der Künste auch alte Herrschaften in zwei Berliner Bezirken, in Wilmersdorf und in Charlottenburg. Der eine Bezirk ursprünglich eher proletarisch, der andere großbürgerlich. Sie sollten sagen, welche Alltagsdinge sie aufbewahrt haben aus der Nachkriegszeit und warum. Die Ergebnisse waren erstaunlich ähnlich, egal, wie gut gestellt die Befragten waren. Allen fiel es unendlich schwer, Möbel zu entsorgen. Selbst wenn sie stolz waren auf die neue Einbauküche, fast alle hatten den Küchenschrank aus der Nachkriegszeit nicht weggeworfen. Weil er noch gut und funktionstüchtig war. »Dinge wurden fast nie weggeworfen, sondern stufenweise entwertet«, so Günter: Der Schrank wanderte dann von der Küche ins Kinderzimmer, von dort in den Keller. Aber nicht auf den Müll. Man trennte sich schwer in der Generation unserer Eltern. Auch wegen der Nachbarn. »Wer etwas wegwirft, muss sich sofort rechtfertigen«, beobachtete die Kulturwissenschaftlerin.

Das kommt mir sehr bekannt vor. Als wir am Tag des Umzugs die letzte Tasche mit Schlüsseln, Geld und Papieren packten, griff meine Mutter zu einer halb leeren Flasche Olivenöl. »Die können wir doch in der neuen Wohnung brauchen, Öl braucht man immer.« Aber Öl, liebe Mama, wandte ich ein, läuft gerne mal aus zwischen Handy und Mietvertrag, es gibt nichts Unpraktischeres als halb leere Olivenölflaschen. Bis ich merkte: Meiner Mutter war es schlicht unangenehm vor der Nachbarin, ebenfalls eine ältere Dame aus der Nachkriegsgeneration. Essen wirft man nicht weg, und wer es doch tut, wird schief angesehen.

Essen wegwerfen – inzwischen gibt es dafür ein kritisches Bewusstsein. Selbst die Agrarministerin beklagt: Jeder von uns wirft im Jahr so viele Lebensmittel weg, dass man damit zwei Einkaufswagen füllen könnte. 82 Kilo pro Bundesbürger. 6,7 Tonnen im Jahr, auf die ganze deutsche Bevölkerung hochgerechnet. Seit ich Freundinnen habe, die im Vorruhestand ehrenamtlich bei Tafeln mitarbeiten und erzählen, welche exquisiten aussortierten Speisen dort ankommen – seither mag ich mich nicht mehr lustig machen über das Verhalten unserer Mütter. Und trotzdem blieb die Olivenölflasche da.

Auch der Begriff der Aussteuer, der meiner Mädchengeneration die Schweißperlen auf die Stirn trieb, er war ökologisch vernünftig. Unsere Eltern hegten die Vorstellung, dass ein Satz wirklich gute Tischdecken, haltbare Bettwäsche und silbernes Besteck uns durchs Leben begleiten würde. Oft wurde diese Aussteuer – die bis Mitte des letzten Jahrhunderts sogar bei der Heirat gesetzlich festgeschrieben war – gar nicht von unseren Müttern selbst ausgesucht. Tanten und Cousinen suchten Porzellan aus, das möglichst zeitlos designt sein sollte. Damit man es lange ergänzen und kombinieren konnte. Bettina Günter hörte in ihren Interviews oft, dass die Besitzerin selber nicht so glücklich war mit dem Aussehen dieser zeitlosen Wäsche. Schön war anders. Aber nie hätten sie sich getraut, die Aussteuer wegzugeben. Und wenn sie auch nicht schick war, haltbar war sie auf jeden Fall.

Wie viel schlecht bedruckte Bettwäsche habe ich dagegen schon nach wenigen Waschmaschinendurchgängen wieder entsorgen müssen, weil man die Rosenblätter kaum mehr erkannte, weil der Reißverschluss kaputt gegangen war?

Die Wegwerfmode, so absurd das aus heutiger Sicht scheint, sollte in unserer Jugend eine Art Revolte gegen die spießigen Eltern sein. Eine »neue Welt des Konsums und auch des Wegwerfens« tat sich uns Kindern der 60er Jahre auf, schreiben die Kuratorinnen der Ausstellung »Die Zeiten ändern sich – Die 60er Jahre in Baden-Württemberg«, die kürzlich im Haus der Geschichte in Stuttgart aufgebaut war. Zwischen Vitrinen mit einem rotem Minikleid, nur einmal für den Abiball gekauft, und Schlaghosen aus Patchwork-Jeans, schrieb die Kuratorin Immo Wagner-Douglas: »An die Stelle sorgsam gehüteter Garderoben traten Saison- und Trendartikel, die für eine Freizeit gedacht waren, die die Elterngeneration in ihrer Jugend gar nicht kannte.« Immer kurzlebiger die Trends, immer voller die Schränke, immer größer der Müllberg.

Der »Umschlag« der Dinge beschleunigt sich, unsere Haushalte sind eine Art Zwischenlager. Dafür gibt es zahlreiche Belege: Die Konsumausgaben pro Einwohner steigen von Jahr zu Jahr. Gleichzeitig quellen nicht nur die Altkleider- und Altpapier-Container über, sondern auch alle kommerziellen Plattformen boomen. Längst gibt es ja nicht nur eBay, sondern Internetfirmen für alle Sparten: Rebuy für Elektronik und Computerspiele, Momox für Bücher, Rebelle, Vestiaire oder Thredup für Kleider.

Und wer mit offenen Augen durch die Straßen geht, sieht überall die Berge vor den Türen: zu verschenken. Offene Bücherschränke auf öffentlichen Plätzen oder in Freibädern sind oft zum Bersten voll. Und als wir unlängst umzogen, wunderten sich die Möbelpacker. Ikea-Kleiderschrank abbauen und mitnehmen? Echt jetzt? Das erlebten sie selten. Die sind ja so billig. »Die meisten Kunden lassen die Möbel stehen und kaufen sich in der neuen Wohnung genau dasselbe wieder.«

Wer bislang noch kein ungutes Gefühl hatte über sein eigenes Kaufverhalten, bekommt es spätestens beim Ausräumen des Elternhauses. In den Regalen unseres Ravensburger Hauses hatte sich eine Menge Nippes angesammelt, der nicht wirklich von Wert war und auch einfach – zu viel. Viel zu viel von demselben Krempel. Staubfänger. Also brachte ich eine Kiste voller Nikolausfiguren, orientalischer Windlichter und anderer Kleinteile ins »Fairkaufhaus«. Es war Spätherbst, es standen dort schon unzählige Halloweenfiguren, Plastikkürbisse, Schneemänner und Gips-Nikoläuse made in China. Zufällig war ich am selben

Nachmittag noch einkaufen in der Innenstadt von Ravensburg. Und in den Schaufenstern sah ich kleine Halloweenfiguren, Nikoläuse und Kürbisse. Das Design hatte sich ein bisschen verändert, aber das Prinzip war dasselbe. Ja klar, so geht Marktwirtschaft. Der eine kauft, die andere wird was los. Aber an diesem Tag hatte ich das Gefühl, ich ersticke an chinesischem Kleinkram. Ich brauche keine dreißig Windlichter, fünf reichen auch. Ich nahm mir vor, wenigstens in diesem Jahr im Advent keine billigen Dekoartikel zu kaufen. Deko-Diät. Auch mal eine Idee.

Längst gibt es den Trend, nachhaltig zu konsumieren. Lieber Dinge kaufen, die länger halten, die man reparieren kann. Die Bewegung der Repair-Cafés, die Erfolgsgeschichte von Manufactum – es gibt Belege für ein neues Konsum-Bewusstsein. Ihre »Ding-Sprechstunde« sei total überlaufen, sagt Renate Flagmeier vom Berliner »Museum der Dinge«. »Es gibt eine Neubewertung der Gegenstände, die Menschen wollen nicht mehr so viel wegwerfen.« Sie gibt allerdings auch zu: In diese Sprechstunden komme eher eine akademische Schicht. Noch ist Nachhaltigkeit keine Massenbewegung.

Wahrscheinlich braucht es dafür Botschafter. Zum Beispiel die aus dem Fernsehen. Roland Beuge war als »Trödel-King« einer der Ersten, den im Fernsehen aus alten Dingen Geld machten. Als ich ihn befrage, was ihm dabei durch den Kopf geht, sagte er: »Früher, als es noch schwerer war, sein Geld zu verdienen, waren die Dinge haltbarer. Mein Großvater hat seine Stechbeitel so lange selber geschärft, bis es nicht mehr ging, auch sein Taschenmesser, das hielt ewig. Mensch, wie viel Taschenmesser hab ich in meinem Leben schon gehabt!«

So viele Taschenmesser. So viele Schuhe. So viele Kleider. Immer billiger und schlechter verarbeitet. Klar kann man bei Primark zehn Tüten Kleider für 50 Euro shoppen und nach zweimal Tragen wegwerfen. Aber man kann auch in sich hinein hören, ob das dauerhaft glücklich macht. In der Bloggerinnen-Szene ist es Mode geworden, nur noch hundert Kleidungsstücke zu besitzen. »Minimalismus« ist ein Trend, der zwar mehr das Glück der Einzelnen als das Wohl des Planeten im Blick hat. Aber das Ergebnis ist trotzdem erfreulich. Weniger Billig-Kleider, weniger Müll.

Denn wir wissen bald auch nicht mehr, wo der Müll hinsoll. Noch wird der größte Teil über komplizierte Verwertungsketten nach Afrika auf die dortigen Märkte geworfen. Wer in Kigali auf dem bunten Kimironko-Markt bummelt, entdeckt zwischen Papayas, Mangos und Granatäpfeln schon mal einen Stapel Trikots vom TSV Gummersbach oder ein astreines T-Shirt mit dem Aufdruck »Kein Sex mit Nazis«. Lustig. Aber auch deprimierend. Denn die ruandische

Textilindustrie könnte viel mehr florieren, wenn sie nicht unsere abgetragenen Klamotten als Konkurrenz hätte. Drum hat der ruandische Staatspräsident Paul Kagame gerade erst einen Importstopp für Altkleider verhängt, es könnte der Anfang einer breiten afrikanischen Widerstandsbewegung sein. Was machen wir dann mit dem Inhalt unserer zwanzig Primark-Tüten?

»Ich möchte, dass man seine Kleider nicht achtlos wegschmeißt«, sagt ausgerechnet Modedesigner und Vox-Moderator Guido Maria Kretschmer, der mit seiner Sendung »Shopping Queen« Tausende kreischender Teenies in die Boutiquen geschickt hat. Er hat gerade einen Roman über die Seele eines roten Kleides geschrieben. Klingt gar nicht sooo esoterisch, wenn er sagt: »Wenn ich früher etwas Neues zum Anziehen bekam, war ich high vor Glück und habe sogar nachts darin geschlafen, heute wird es einfach weggeschmissen.« Schließlich hat an jedem Kleidungsstück, auch am allerbilligsten Fummel, ein Mensch gesessen. Das verdient Respekt.

Und wenn der schrille Designer das sagt, klingt es fast schon wieder, wie wenn der Opa sagt: »Das Leben ist zu kurz für schlechte Gummistiefel.«

KAPITEL 10

War Opa doch ein Nazi?

Was tun, wenn man beim Aufräumen auf Familiengeheimnisse stößt – und wie man sich damit versöhnen kann.

Es war eine ordentlich geheftete, akkurat geführte Dokumentenmappe, die mir meine Mutter beim Ausräumen auf den Tisch legte: »Dein Opa! Er war so stolz auf seine Auszeichnungen. Was machen wir mit der Mappe?« Ich fing an zu blättern, eines stimmte: Alles war sehr ordentlich. Mein Opa war sein Leben lang Bahnbeamter gewesen. Nach dem Zweiten Weltkrieg sorgte er dafür, dass auf dem Bodensee wieder Schiffe fahren konnten, die »Weiße Flotte«. Und er half, den zerstörten Hafenbahnhof in Friedrichshafen wieder aufzubauen. Dafür hatte er jede Menge Preise und Urkunden bekommen, sogar den Bundesverdienstorden am Bande.

Das gehört zu unserer Familiengeschichte, die uns

immer wieder erzählt wurde, als wir klein waren. Opa hat den von Fliegerbombern zerstörten Bahnhof wieder flottgemacht. In diesem Hafenbahnhof, im Festsaal im 1. Stock mit Blick auf die weißen Dampfer, haben wir alle seine Geburtstage gefeiert, bis er kurz nach seinem 98. Geburtstag verstarb. Alle Ferien in den Sechziger- und Siebziger-Jahren haben wir als Kinder mit den Großeltern am Bodensee verbracht. Der Opa war ein sehr frommer Mann, seine zwei Bibeln und sein Psalmenbuch mit dem alten cremefarbenen Wachstucheinband hatte er aus den Flammen gerettet, und allabendlich wurde daraus gelesen und gebetet. Meine Schwester und ich fanden es furchtbar langweilig, feixten bei der Bibellektüre und schlossen Wetten ab, wer von uns beiden Kindern zuerst loskichern würde beim Vaterunser. Aber das gehörte nun mal zu den Oma-Opa-Ferien, und die waren toll. Opa bekam verbilligte Fahrkarten für die Bodenseedampfer. Von Friedrichshafen nach Lindau mit dem Dampfer, zurück mit der Bahn, es waren ungetrübte Ferien. Manchmal durften wir Kinder die Bahnfahrkarten abknipsen. Manchmal bekamen wir am Bahnhofskiosk ein Fix-und-Foxi-Heft. Guter Opa.

Und dann stach mir, fünfzig Jahre später, in der Dokumentenmappe das erste Hakenkreuz ins Auge. Und noch eines. Also war Opa doch in der Partei. Hatten sie mir nicht erzählt, er sei als sehr frommer

evangelischer Christ widerständig gewesen gegen die
Nazis? Ich ließ die Mappe fallen, als hätte ich mir die
Finger mit einer ekligen Farbe verschmutzt. »Mama,
das sind keine tollen Auszeichnungen. Das ist Nazi-
Kram!« Opa doch böse?

Ich habe die Szene neulich der Psychotherapeutin
Sabrina Weber erzählt, die sich mit der transgenerati-
onalen Weitergabe von Gefühlserbe beschäftigt. Und
sie fand meine Reaktion wenig gelungen. »Ihre Mutter
hat den Vater verehrt. Sie können ihn doch nicht einfach entthronen!« Besser wäre gewesen: Fragen stellen. Was meinst du, war Opa in der Partei? Wie erlebte
er den Krieg, der Vater von fünf Kindern, der regelmäßig in den Bombenkeller fliehen musste? »Es steht
unserer Generation nicht zu«, findet die Therapeutin, »den alten Menschen ihr Leben wegzunehmen.«
Es steht uns nur zu, Fragen zu stellen. Und zwar im
Zweierkontakt zu den noch lebenden Verwandten, rät
die Expertin. »Bitte nicht bloßstellen in großer Runde!
Nicht vor den Enkeln und Urenkeln.«

Meine Schwester und ich können solche Fragen zum
Glück noch stellen, denn unsere Mutter lebt noch. Das
habe ich erst jetzt, lange nach dem Umzug, gemacht.
Und sie war gar nicht überrascht über die Frage nach
dem Opa. Sie erzählte, dass er in der NSDAP gewesen
war, aber als gläubiger Christ damit gehadert hatte. Sie
erinnerte sich, wie er die Uniform im Dunkeln anzog,

wenn er abends zur Parteiversammlung ging. Wie er sie sich wieder vom Leib riss, wenn er heimkam. Aber sie erzählte auch – sie war ja bei Kriegsende erst 15 –, wie sie und ihre Geschwister nach der Entnazifizierung zum ersten Mal im Hafenbahnhof waren. Und da saß auf Opas Drehstuhl sein ehemaliger Assistent. Der war nicht in der Partei gewesen. Und er hatte im Spruchkammerverfahren nach 1945 gegen Opa ausgesagt. Der ehemalige Assistent machte jetzt Karriere. Auf Opas Drehstuhl. Eigentlich wäre das eine gute Geschichte gewesen, die sie uns auch schon früher hätte erzählen können. Denn allzu bald wurde Opa ja wieder Bahnbeamter, der Rest der Geschichte schien zu stimmen. Aber wir haben auch nicht gefragt.

Viele von uns finden jedoch erst nach dem Tod der Eltern beim Ausräumen der Häuser seltsame Urkunden, verloren geglaubte Briefe, militärische Abzeichen, Exemplare von »Mein Kampf«. Tassen mit Hakenkreuzen. Tagebücher und Poesiealben, die eine Seite der Eltern erahnen lassen, von der man nichts wusste. Über die sie nie gesprochen haben. Die sie in sich verkapselt haben, die sie im Keller unserer Häuser vergraben haben, bis es dort immer kälter wurde. Die nach dem Motto lebten, das Walter Kempowski in seinem Roman »Mark und Bein« beschrieb: »Ohne Schwamm-drüber lässt sich das Leben nicht ertragen.«

Viele Kriegsenkel wollen sich heute dem Thema

stellen. Meine Kollegin Christine Holch, Chefreporterin bei »chrismon«, hat vor einigen Jahren einen Rechercheweg dargestellt unter dem Titel »Was machte Opa in der Nazizeit?«. Es ist der Artikel, der in der inzwischen 18-jährigen Geschichte von »chrismon« immer noch am häufigsten nachgefragt und aufgerufen wird. Ein gutes Zeichen.

Und eine Entlastung. Wer heute ernsthaft recherchieren will, muss nicht mehr bei null anfangen. Es gibt Hilfe bei der Recherche der Fakten: Was bedeutet diese Auszeichnung? Was kann man an jenem Foto ablesen? Und auch bei der psychologischen Verarbeitung.

Wenn man wirklich tiefer recherchieren will, wird man sich auf die Suche nach Verwandten machen müssen, die noch leben. Am besten, man trifft sie persönlich, keine alte Tante wird am Telefon begeistert sein, Auskunft über eine Zeit zu geben, die sie womöglich tief in ihrer Seele vergraben hat. Wie man Zeitzeugen respektvoll befragt, dafür gibt es inzwischen kluges Fachwissen und hervorragende Ratgeber (am Ende des Buches habe ich eine kleine Literaturliste zusammengestellt). Keine Vorwürfe, klar, weil sie uns als Nachgeborene nicht zustehen. Und weil das Gegenüber sich nur weiter verschließen wird. Nein, Opa war nicht in der Partei. Der Onkel ein Mitläufer. Die Tante widerständig. So kommt man nicht weiter.

Wenn man sich der Wahrheit nähern will, rät die

Göttinger Biografie-Forscherin Gabriele Rosenthal zu Fragen wie: »Wenn du in die Schule gelaufen bist, wie weit war das? Wer saß bei euch abends alles am Abendbrottisch? Kannst du dich an Feste erinnern? Was gab's zu essen?« Die Psychologie-Professorin nennt das »narrative Biografie-Forschung«. Sie sagt, Erinnerungen kommen vor allem dann zurück, wenn man sich an sinnlichen und leiblichen Erinnerungsfragmenten entlanghangelt.

Wenn man dabei Erinnerungen wachrufen kann, ist es gut. Wenn nicht, soll man es auch gut sein lassen. »Wir sind ja nicht vom Verfassungsschutz«, sagt Weber. Es geht nicht um Inquisition und Tribunal. Es geht um echtes Interesse und um Versöhnung.

Dabei kann man sich auch helfen lassen, am besten von Altersgenossinnen, die auch gerade auf der Suche nach der Familiengeschichte sind. Viele Historikerinnen, Coaches und Psychologen bieten zum Thema Familiengeschichte Seminare an, man findet sie in allen größeren Städten. Dabei geht es um Nachforschungen auf eigene Faust, aber auch um die schwierigen Gefühle, die mit der Vergangenheit der Familie und der Recherche dazu verbunden sind. Wie geht man mit den Familienaufträgen um, mit Versäumnissen und Tabus, und wie kann man hinter der Last der Geschichte neue Ressourcen entdecken?

Auch KZ-Gedenkstätten bieten solche Seminare an.

Eher faktenorientierte Hilfe – also, wo man Hilfe bekommt, wie man in Datenbanken und Online-Katalogen sucht. Und damit auch psychologische. Und wer die Recherche outsourcen will – weil es zu belastend ist oder schlicht zu aufwendig –, kann privat einen Historiker damit beauftragen. Luxus? Warum eigentlich? Wir beschäftigen Zahnärztinnen, Fußpfleger und Innenarchitektinnen für unser körperliches Wohl und unsere eigenen Häuser. Warum nicht jemanden damit beauftragen, die dunklen Ecken unserer Elternhäuser auszuleuchten? Damit wir sie unbelastet aufräumen können, damit wir unserer Psyche etwas Gutes tun. Der Stundenlohn dieser Fachleute ist nicht viel höher als der eines Handwerkers, meist einigt man sich auf eine Erstrecherche für 400 bis 500 Euro – und entscheidet dann Schritt für Schritt, wie viel und in welche Richtung weiter geforscht werden soll.

Cornelia Matz arbeitet dazu im Raum Süddeutschland. Sie hat auch ihre eigene Familiengeschichte recherchiert: Im Landesarchiv Baden-Württemberg fand sie die Entnazifizierungsakten ihres Urgroßvaters. »Es gibt viel mehr Unterlagen, als man zunächst denkt«, weiß sie. Zum Beispiel die berühmten »Meldebögen«, auf denen Deutsche nach 1945 Fragen beantworten mussten: Waren Sie in der Partei gewesen? In welcher Funktion? In anderen NS-Organisationen? Hatten Sie Geld bekommen?

Anschließend wurde man in eine von fünf Kategorien – von eins wie »Hauptschuldig« bis fünf wie »Entlastet« – eingestuft. Um in eine möglichst niedrige Kategorie zu kommen, brachte man Entlastungsschreiben bei, die berühmten »Persilscheine«. Danach wurde ein »Sühnebescheid« erlassen, in dem oft eine Geldbuße festgelegt war.

All diese Papiere kann man finden, wenn man forscht oder forschen lässt. Und die promovierte Historikerin Matz weiß: »Mancher Familie hilft es, wenn sie etwas schriftlich vor sich liegen hat.« Manche Familie steigt erst dann in das Gespräch zwischen den Generationen ein, das so lange nicht geführt wurde. »Oft erlebe ich«, so Matz, »dass sich aus vielen Einzelinformationen ein Bild ergibt, das wie bei einem Puzzle zusammengesetzt werden kann.« Klar könne das belastend sein, je nachdem, was man findet. »Aber öfter erlebe ich, dass die Wahrheit befreiend wirkt.«

Befreiend und manchmal sogar heilsam. Die Historikerin wird auch beauftragt, wenn Nachfahren den Verdacht haben, die Erkrankung der Eltern könne im Zusammenhang mit Kindheitserlebnissen im Nationalsozialismus stehen. »Mir wird dann später berichtet, dass es befreiend war für die Familie und auch die Erkrankten, dass ich Licht in frühere Lebenswelten gebracht habe.« In die Zeitgeschichte, in das Umfeld.

Aber auch in die Handlungsmöglichkeiten der Mütter, Väter und Großeltern.

So ist das Kapitel »Nazi-Erbe« inzwischen gar nicht mehr im Nebel. Es gibt Literatur, es gibt Vorbilder, es gibt psychologische und dokumentarische Hilfe. Weil es so viele in unserer Generation betrifft. »Sie sind da nicht der Erste«, sagte die Frau im Wehrmachtsarchiv dem Autor Sebastian Schoepp (»Seht zu, wie ihr zurechtkommt«, siehe Anhang), der plötzlich doch Gewissensbisse bekam, dem toten Vater »nachzuspionieren«. Das Wort »Spion« schreibt er selber, und jede und jeder muss für sich herausfinden, wo stopp ist bei der Recherche. Und was beim Weiterleben hilft. Denn, so Schoepp: »War es nicht irgendwie erbärmlich, posthum herausfinden zu wollen, was man sich im Leben nicht zu fragen traute? So war diese Suche letztlich auch die Suche nach dem Urgrund der eigenen Feigheit.«

Was tun, wenn man auf ganz andere dunkle Flecken stößt? Wenn man, wie eine meiner Freundinnen, das Haus des verstorbenen Vaters ausräumt und dabei eine ganz und gar unappetitliche Pornoheftesammlung findet? Wenn man, wie eine Kollegin, Briefe der großen Liebe der Mutter findet, die in einen zum Protestantismus konvertierten Juden verliebt war? Und das alles im tiefsten katholischen Herzland? Was tun, wenn man gar auf uneheliche Kinder, verheimlichte Geschwister stößt? Dann muss jede selber überlegen, ob sie sich dem stellt und dafür vielleicht auch psycho-therapeutische Hilfe in Anspruch nimmt.

Keine Frage: Aufräumen braucht Mut.

KAPITEL 11

Beschlossen und besiegelt

Warum der Notartermin ein wichtiger Abschluss ist –
und wie man ihn ohne Tränen übersteht.

Wir waren eine halbe Stunde zu früh da. Wir alle.
Meine Mutter, meine Schwester und ich. Sowieso,
weil man in unserer Familie immer überpünktlich
kommt. Aber auch die neuen Eigentümer mit ihren
beiden Kindern saßen schon viel zu früh im Warte-
zimmer des Notars, auf gewichtigen Polsterstühlen,
die in einem dicken, weichen Teppich versanken. Die
Kinder der Käufer hätten, rein juristisch gesehen, gar
nicht dabei sein müssen beim Notartermin, an dem
unser Haus endgültig verkauft wurde. Aber sie fanden:
»Das ist ein wichtiger Tag. Wir wollen alle zusammen
am Tisch sitzen.«

Die Beurkundung beim Notar ist ein feierlicher
Akt. Dazu trägt meist schon das Ambiente bei, die ge-
diegenen Möbel, das Wappen des Bundeslandes an

der Tür, der Personalausweis, den man abgeben muss am Empfang. Notartermine hakt man nicht so einfach ab.

Wir hatten alle nicht viel geschlafen in der Nacht. Weil wir wussten: Ab morgen gibt es kein Zurück mehr. Der Notarvertrag ist der formalisierte Abschluss eines langen Prozesses. Ein bisschen vergleichbar mit dem Standesamtstermin für Paare, die ein Jahr lang die Hochzeit vorbereitet haben. Im Kinofilm passiert es ja häufig, dass dann die Braut nicht kommt. Das kann auch beim Hauskauf passieren. Ein Freund von mir hatte wenige Tage vor mir seinen Notartermin in Sachen Elternhaus. Er fuhr mit demselben klammen Gefühl zurück in seine niedersächsische Heimat. Aber der Käufer tauchte einfach nicht auf. Er hatte noch mal gerechnet. Kann passieren.

Wir waren alle da. Und jeder bemüht, es den anderen so leicht wie möglich zu machen. Wir kannten uns ja schon, hatten sogar gemeinsame Gruppenfotos vor dem Haus gemacht. Wir Alten hatten viele Handwerkerbesichtigungen erduldet, dafür boten die Neuen an, die wenigen verbliebenen Möbel im Haus zu entsorgen. Angespannt, aber friedlich saßen wir um den großen Holztisch beim Notar, und der lobte uns, wie man fünf Musterschüler lobt: »So friedlich geht's hier nicht immer zu.«

Oft sind beim Notartermin große Gefühle im Raum. »Viele Tränen« sieht die Kölner Notarvertreterin Hanna Bamberger. Mehr Tränen als bei Scheidungen? Die Antwort kommt blitzschnell. »Bei Scheidungen wird nicht geweint. Beim Hausverkauf schon.«

Ein Abschied vom Elternhaus ist ein Abschied von einer langen Lebensspanne. Da dürfen schon mal Tränen fließen. Aber ein paar Wünsche hätte die Notarin schon, damit der Termin so friedlich wie möglich verläuft.

Der erste: Suchen Sie Käufer, bei denen die Mutter das Gefühl hat, das Haus ist in guten Händen. »Fast alle älteren Leute wünschen sich, dass wieder eine Familie mit Kindern ins Haus zieht«, beobachtet die Notarin. Damit der Lebenszyklus wieder von vorne beginnen kann, damit es auch für die Nachbarn stimmt. »Am schönsten ist für mich, wenn die Verkäuferin sagt: Sie passen hier rein«, so Hanna Bamberger.

Der zweite: Schaffen Sie Vertrauen. Nicht immer ist die Vorgeschichte so lang wie bei uns. In manchen Familien muss der Hausverkauf schnell über die Bühne gehen, manchmal hat auch ein Makler alles abgewickelt und man lernt sich erst beim Notar kennen. Nicht optimal, findet Bamberger. Wenn sie überlegt, welche Beurkundungen schiefgelaufen sind, hatte es fast immer mit Misstrauen zu tun. Wer misstrauisch ist, kann bei der verklausulierten Juristensprache schlimmstenfalls in jeder Formulierung eine Falle wittern. Das wird dann anstrengend für alle.

Die Fachsprache ist selbst für geübte Ohren eine Herausforderung. Ein Notarvertrag wird immer laut verlesen, und selbst mit Hochschuldiplom weiß man nicht auf Anhieb, was etwa gemeint ist mit der Formulierung: »Die Sachmängelhaftung des Verkäufers ist ausgeschlossen. Unberührt bleiben Ansprüche bei Vorsatz oder arglistigem Verschweigen.«

Arglistig ist ja ein hässliches Wort, also fragten wir nach. Der Notar erklärte, wenn jetzt noch ein Mangel auftauche, Schimmel oder andere Widerlichkeiten, dann sei das nicht mehr unser Problem. Es sei denn, wir hätten an der Schimmelstelle besonders raffiniert geputzt, damit man sie nicht erkennt. Das regte meine Mutter auf. Natürlich habe sie besonders gut geputzt, regte sich ihr Hausfrauenstolz, und wo da jetzt schon wieder die List sein sollte. Kein Zweifel, Juristendeutsch und gesunder Menschenverstand sind nicht immer dasselbe. Gut, wenn ein Notar viel Geduld mitbringt, die bedrohlich klingenden Floskeln zu dolmetschen. Auch wenn das viel Zeit kosten kann.

Der dritte Wunsch ist deshalb: so viel wie möglich vor dem Notartermin klären. Besser dreimal als zweimal den Vertragsentwurf lesen. Denn Änderungen sind beim Notartermin nur noch bedingt möglich. Den Schlüssel soll der Neue doch schon früher kriegen? Und der Kellerschrank bleibt auch drin? Das sollte man sich vorher überlegen.

Das klingt einleuchtend bei Geschwistern, die sich gut verstehen. Schwierig kann es werden, wenn die Eltern mit einem Kind einig sind, aber das andere sich ausgeschlossen fühlt. So kann es steuerlich eine gute Idee sein, das Haus auf ein Kind zu übertragen – zum Beispiel auf das Kind, das die alten Eltern pflegt. Das andere Kind müsste dann »ausbezahlt« werden mit Geld. Eine Konstellation, die fiskalisch günstig ist, sich aber offenbar nicht gut anfühlt. Denn beim Notar wird dann vorgelesen: »Erbe ist…«, und das klingt wie »das bevorzugt geliebte Kind ist…«

Diese Dinge kann man besser vorher besprechen. Miteinander, mit psychologischem Beistand, notfalls mit Anwälten. Und unter sich besprechen sollte man auch, was man mit den Aufträgen der alten Mutter macht, die an dem Haus hängen. Oder sogar im Haus hängen.

Eine Freundin räumte neulich das Haus der verstorbenen Mutter aus, und an jedem, wirklich jedem einzelnen Teil klebte ein Zettel: Für Elfi. Für Werner. Sie versuchte die meisten Wünsche zu erfüllen, aber nach der Hälfte machte sie schlapp. Und übergab den Rest einem Auktionator.

Rein juristisch ist die Sache knifflig. Ein »Vermächtnis«, also ein letzter Wille, wer was bekommen soll, ist nur wirksam, wenn er handschriftlich geschrieben und unterschrieben ist. »Theoretisch müsste jeder gelbe Post-it-Zettel unter jedem Möbelstück einzeln unterschrieben sein, um rechtsgültig zu sein«, sagt Hanna Bamberger.

Aber meist geht es doch nicht um Paragrafen, sondern um Gefühle. Drum am besten zu Lebzeiten reden: Wer soll was bekommen? Dann kann man übrigens dem Schenkenden auch noch Danke sagen.

KAPITEL 12

Wir sind die Neuen!

Wie Loslassen gelingt – und wie schnell
neues Leben ins alte Haus einzieht.

»Guck mal, ein marokkanischer Bistrotisch!« Meine Schwester hatte schnell noch ein Handyfoto gemacht, als sie mit der Schlüsselübergabe fertig war. Puh, Schlüsselübergabe. Ich war froh, dass ich das nicht machen musste, ich hätte bestimmt ein paar Tränen verdrückt. Und ich wollte auch nicht diesen monströsen Baucontainer sehen, den die Neuen angekündigt hatten. Er würde sofort nach dem Notartermin auf unserer Garageneinfahrt stehen und die Trümmer der Möbel aufnehmen, die wir nicht hatten weitergeben können. Ich war froh, dass meine Schwester diese Aufgabe übernommen hatte.

Aber bevor sie den hässlichen Container aufstellten, hatten die Neuen diesen kleinen marokkanischen Teetisch mit den indigoblauen Scherben aufgestellt und dazu zwei Bistrostühle. Vor die Küche in die Sonne. Sie hatten schon einen kleinen bunten Punkt gesetzt. Ein Signal: Wir sind da!

Schlaue Neue. Uns hat es den Abschied viel leichter gemacht, zu wissen: Das Haus bekommt nette neue Besitzer. Manche Bekannte, es sind vor allem Männer, verstehen diesen Punkt überhaupt nicht. »Ist doch egal, wer das Haus besitzt! Hauptsache, die zahlen!« Immer wenn ich diesen Text hörte, wusste ich, was jetzt kommt, immer gab es diese Geschichte von Bekannten von Bekannten, die auch an nette Leute verkauft hatten. Und dann waren die nach dem Notarabschluss gar nicht mehr nett, und dann machten die im Nachhinein Baumängel geltend. Und, und, und. Als gäbe es die Kombination »nett« und »anständig« überhaupt nicht im Immobilienbusiness.

Offenbar hatten wir Glück, unsere waren nett und hatten auch das nötige Geld. Und mehr Geld (ja, das wäre möglich gewesen) hätte man erzielen können, es gab einen finanzstarken Kaufinteressenten, Besitzer einer großen Firma, der das Haus für seine Angestellten erwerben wollte. Aber ob der weniger Ärger gemacht hätte? Oder dieser Makler, der uns im Nachhinein für komplett naiv erklärte – ob der wirklich die bessere Wahl gewesen wäre? Jedenfalls hätte er keinen sommerlichen Mosaiktisch vors leere Haus gestellt.

Wir fühlten uns gut damit, dass in unser Haus wieder eine Familie mit Kindern einzieht. So viel zu lange schon waren die Möbel erschöpft, die Wände ausgekühlt, der Garten still gewesen. Drum entschieden wir uns rasch für eine Familie mit zwei Kindern und einem Hund. Und stellen uns jetzt immer vor, wie der Hund durch den Garten tollt und die Kinder Partys auf der Terrasse feiern.

Denn es bleibt sowieso genug Trennungsschmerz. Als ich neulich vom Bodensee zurück- und an unserem alten Haus vorbeifuhr, sah ich die Familie auf dem Balkon sitzen, unter der orangen Markise, die mein Vater unter vielen Flüchen angeschraubt hatte. Die er immer – wie wir Kinder fanden – viel zu früh am Tag ausrollte, damit ja kein Sonnenlicht auf den Balkon fiel. Und da saßen sie nun, die Neuen. Die Markise nur halb ausgerollt, genau richtig also. Sie aßen Kuchen, und ich traute mich nicht, sie zu stören.

»Am besten, wir klingeln und werfen einfach wie die letzten zwanzig Jahre unsere nassen Badeanzüge vor die Waschmaschine und gucken, was passiert«, scherzte mein Mann. Zwanzig Sommer hatten wir – selbst längst ausgezogen – mit unseren Kindern alle Sommerferien bei der Oma verbracht. Oft war uns ihre Fürsorge zu viel, oft wollten wir lieber am Bodensee essen gehen, als die mahnende Stimme am Telefon zu hören: »Wann kommt ihr denn? Ich habe gekocht, und die Badeanzüge werft ihr bitte einfach vor die Waschmaschine!« Nun ist nicht nur das Haus weg. Sondern endgültig auch die Versorger-Oma am Bodensee. Badeanzüge werden wieder selber gewaschen. Richtig so und trotzdem irgendwie doof.

Immerhin steht unser Haus noch. Von außen sieht es fast unverändert aus. Denn auch das passiert, und damit muss man dann leben: Dass die Neuen das Haus abreißen und auf dem Grundstück neu bauen. Meinem Freund Matthias passierte das, und er ist nie wieder in das kleine niedersächsische Dorf gefahren, in dem er aufgewachsen war. In einem 150 Jahre alten Fachwerkhaus mit achtzehn verwinkelten Räumen, schief und krumm und in jedem Winkel eine Erinnerung. Hier lagen immer die Fußballschuhe, dort hatte die Mutter den Weihnachtsschmuck in einer Nische verstaut. Und immer schlug man sich beim Gang ins oberste Stockwerk den Kopf an.

Genau das sagten sich die Käufer dann offenbar auch, die nach langer Suche – nicht überall in Deutschland werden Häuser so dringend gesucht wie in Oberschwaben – endlich zuschlugen. Ein junges Paar, beide Finanzbeamte. Das Haus sei unpraktisch. Zu eng, zu schief, zu sanierungsbedürftig. Als Matthias' Mutter verstorben war, kauften sie das Haus, rissen es ab und bauten ein neues mit geraden, hohen Wänden. Der alteingesessene Nachbar fotografierte den Abriss, Matthias löschte diese Fotos sofort von seinem Handy.

»Den Abriss will ich gar nicht sehen«, sagt er, »ich habe ein Bild vom alten Haus im Kopf. Und auf meinem Schreibtisch. Gerahmt. So behalte ich es in Erinnerung.«

Wo ist der Erinnerungsort, wenn das Haus verkauft ist? Meine Freundin Lissa, deren Mutter vor einigen Jahren starb, merkte bald: »Der Friedhof ist nicht der Ort, wo ich meiner Mutter nahe bin. Das ist beim Haus.« Das Haus aber war längst verkauft, zu den Neuen hat sie keinen Kontakt. »Ich habe lange herumprobiert. Und jetzt habe ich diese Straßenecke gefunden, um die ich immer auf dem Heimweg von der Schule gebogen bin. Da stand Mama in der Tür und winkte mir.« Die Ecke ist ein öffentlicher Ort. Und da steht Lissa jetzt manchmal und winkt der Mama.

Abschied tut weh. Die Neuen leichten Herzens willkommen heißen, das schafft fast niemand. Diesen Schmerz können wir ruhig zulassen, wir kennen ihn ja schon. Als wir vor dreißig, vierzig Jahren das Elternhaus verließen, um ins Studium oder Berufsleben zu ziehen, hat das auch wehgetan. Als unsere eigenen Kinder ausgezogen sind, haben wir uns tapfer bemüht, keine Träne zu vergießen, als sie, ausgewachsene junge Männer, aus der Plüschtierkiste im letzten Moment noch einen zotteligen Löwen zerrten und mit in die Studi-WG nahmen. Viele von uns mussten Trennungen und Scheidungen verkraften. Und damit auch das sichere Wissen: Auf meinem Stuhl wird eine andere sitzen, von meinem Teller werden andere Kinder essen. Profi wird man wahrscheinlich nie beim Abschiednehmen. Aber man weiß immerhin: Man wird es wahrscheinlich überleben. Hinterm Horizont geht's weiter.

Und wie es in unserem alten Haus weitergeht – darauf haben wir jetzt keinen Einfluss mehr. Besonders bitter ist es, wenn die Neuen, wie bei meiner Freundin Regine, sich als stramme Nazis entpuppen. Oder, wie bei meinem Kollegen Hannes, als überaus trinkfeste Großfamilie. Hannes hatte sich das so idyllisch vorgestellt. Als seine alte Mutter ins Altersheim kam, verkaufte er ihr Haus in Niederbayern an eine donauschwäbische Kleinfamilie, das kleine Gartenhaus nebenan behielt er. Noch ist Hannes ein vielbeschäftigter Drehbuchautor in einer norddeutschen Großstadt, in das kleine Ferienhaus schafft er es nur ein-, zweimal im Jahr. Aber später, so der Plan, im Ruhestand, würde er im Ferienhaus dieses große Werk über Arno Schmidt vollenden, den Blick verlierend ins dichte Grün des elterlichen Grundstücks. Hummeln surren, Vögel singen.

Leider musste Hannes schon beim zweiten Wochenendbesuch, als er sein Drehbuch über südfranzösische Exilliteraten zu Ende schreiben wollte, feststellen: Die

Kleinfamilie hat viele trinkfeste Vettern und Basen. Die Wiese war bereits einem Plattenweg gewichen, grauer Waschbeton aus dem Baumarkt ein Dorf weiter. Das Surren kommt neuerdings von der Motorsäge, das Singen aus leistungsstarken Boxen mit Volksmusik. Ja nun, das Haus ist halt verkauft worden. Da kann man jetzt nichts mehr machen.

Unsere Neuen in Ravensburg halten respektvoll Distanz. Das ist gut so. Sie schreiben meiner Mutter zum Geburtstag, sie grüßen die Nachbarinnen, und sie machen ihr Ding. Dazu gehört auch, dass sie den Rasen nicht mehr mähen, das wird meiner Mutter dann vorwurfsvoll zugetragen. An solche Leute haben wir also verkauft. Die einen Dschungel anpflanzen. Aber es ist ja nicht mehr unsere Verantwortung. Sie sind die Neuen.

KAPITEL 13

Ich tu's für meine Kinder

Was Kriegsenkel schaffen können –
und damit der nächsten Generation ein
aufgeräumtes Haus hinterlassen.

Jetzt ist es fast geschafft. Unser Haus ist verkauft, der Notarvertrag unterschrieben, die neuen Besitzer haben ihr Revier markiert. Kurz vor der Übergabe kommen dann noch die beiden Enkel, um sich vom Haus zu verabschieden. Meine Söhne, 17 und 20. Der jüngere, durchtrainierter Abiturient, hat der Oma beim Umzug viel geholfen, schwere Kisten gepackt, Regale abgebaut und am letzten Abend durch die alten Meisterbriefe und Urkunden vom verstorbenen Opa geblättert. Sie haben Spaß, die Oma und der 17-jährige Enkel inmitten der letzten Kisten. »Ich lese mit der Oma gerade ein Theaterstück, das Opas Azubis ihm zum Abschied vorgespielt haben«, erzählt er glucksend am Telefon. Und auch, dass er das vergilbte Theaterdrehbuch, mit Schreibmaschine in Rot und Schwarz getippt, danach zum Papiercontainer bringe.

Der ältere Enkel konnte nicht viel helfen. Er war während des entscheidenden Jahres auf »Weltwärts«-Einsatz in Ruanda, er kann gerade noch einen kurzen Abschiedsbesuch im leeren Haus in Oberschwaben machen und drei Bierkrüge mit oberschwäbischem Brauereiwappen für seine Studenten-WG einpacken, in die er jetzt ziehen wird. Klar haben wir am Telefon, per Skype ganz oft über den Hausverkauf gesprochen, haben ihn gefragt, ob er vielleicht eines Tages in das Haus ziehen möchte, ob wir es womöglich sogar behalten sollen. Bewusst ist alles ordentlich gelaufen. Aber unbewusst fühlt er sich offenbar doch abgehängt. Als er zurück in unsere Familienwohnung in Köln kommt, fängt er in unserem Keller an, seine eigenen Kindersachen zu durchwühlen. Fördert eine Strichmännchenzeichnung aus seinem ersten Schuljahr zutage, die er nun plötzlich wieder aufhängen will. Mit zwanzig! Fast bekommen wir Streit deswegen. Nun habe ich gerade mein Elternhaus in Ravensburg leer gezogen, da will er nicht ernsthaft in unserer gemeinsamen Wohnung ein neues Museum der Kindheit einrichten?

Ich merke in diesen Tagen: Ausräumen ist Schwerstarbeit für die Seele. Nicht nur für die Knie und Oberarme, die das viele Stemmen und Schleppen nicht mehr gewohnt sind. Sondern auch für unsere Gefühle, die irgendwo zu Hause sein wollen. Das Elternhaus ist jetzt leer, und wir spüren: Unsere Familie braucht eine neue Mitte. Wir beschließen, unsere Wohnung in Köln zu verschönern, ein paar Wände bunt anzustreichen. Es soll unser Nest werden, wohin alle, auch wenn sie in ihre Studienorte ausschwärmen, gerne zurückkommen am Wochenende. Dazu gehört auch: nicht so viele Dinge anzusammeln, denn wir alle haben beim Ausräumen festgestellt, dass wir alle von allem zu viel haben.

Mein Mann schenkt mir in diesen Tagen einen Button mit der Aufschrift »Ich tu's für meine Kinder«. Ein furchtbarer Satz eigentlich, weil er von Generationen aufopferungsvoller Mütter vor sich hergetragen wurde. Er klingt beinahe vorwurfsvoll, so wie: »Und was ist der Dank?« Aber er passt ganz gut: Mit der Aufräumaktion habe ich meiner Mutter geholfen, die jetzt in einer Wohnung wohnt, in der sie sich ihrem Alter gerecht besser versorgen kann. Ich habe es für mich getan, denn ich kann sie jetzt nach nur zwei Stunden Fahrt besuchen und muss nicht sechs Stunden durch die Republik reisen, wenn sie meine Hilfe braucht. Ich habe es aber auch für meine Kinder getan. Ich habe Einbauschränke weggeräumt, die sie eines Tages nicht mehr entsorgen müssen. Und ich habe verschüttete Familiengeschichte ausgegraben und hoffentlich so sortiert, dass sie unbelasteter durchs Leben gehen.

Ich bin stolz auf meine Generation, auf uns Babyboomer, die sich diesem Thema stellt. Alleine zwanzig Bücher in meinem Regal beschäftigen sich mit der Thematik der Kriegsenkel – da wird vieles aufgearbeitet, damit es die Nächsten leichter haben. »Mein lieber Victor«, schreibt zum Beispiel die Buchautorin Lisa Welzhofer an ihren neugeborenen Sohn, »seit es dich gibt, denke ich immer darüber nach, was das ist: eine gute Mutter.« Welzhofers Mutter ist jung gestorben, und erst beim Aufräumen der mütterlichen Wohnung stieß die Tochter auf Tagebücher, die ein Familiengeheimnis enthüllen: Lisas Vater ist ein Israeli, eine ehemalige Jugendliebe der Hippie-Mutter im Kibbuz. Die Familiengeschichte wird jetzt neu aufgerollt, vom Kibbuz am See Genezareth bis zur Kriegsschuld des Opas und der Flower-Power-Zeit in Schwaben. »Eine dicke Schicht Verbitterung und Schweigen« wolle sie endlich abwischen, sagt die Autorin – und erzählt die neu entdeckte Familiengeschichte ihrem kleinen Sohn. Als Briefroman.

Victor soll wissen, wo er herkommt. Victor und all die andern. Unsere Kinder sollen nicht ewig mit dem Trauma des Krieges, der unverarbeiteten Schuld und den Gefühlsblockaden belastet werden. Trauma, das nicht bearbeitet ist, kann sich sonst immer weiter vererben.

Traumata vererben? Lange konnte man sich nicht erklären, dass Überlebende von Konzentrationslagern ihr Trauma an die Urenkel vererben – auch dann, wenn kein Wort gesprochen wurde zwischen den Generationen. Die Auschwitz-Überlebende Edith Eva Eger schildert in ihrem Buch eine Anekdote mit ihrer zehnjährigen Tochter Audrey. »Einmal, als Audrey zehn war, hatte sie eine Freundin zu Besuch, und ich kam an der geöffneten Tür ihres Zimmers vorbei, als gerade ein Krankenwagen mit Sirenengeheul an unserem Haus vorbeiraste. Bevor ich die Sirene richtig zur Kenntnis genommen hatte, schrie Audrey schon: Schnell, unters Bett! Sie warf sich auf den Boden und rollte unter das Bettgestell ... Ohne es zu wollen, hatte ich Audrey beigebracht, dass Sirenen Gefahr bedeuten.«

Mir kommen solche Szenen bekannt vor. Meine Mutter hat in Friedrichshafen am Bodensee den Angriff der Alliierten überlebt, als Kind im Bombenkeller. Bis heute zuckt sie zusammen, wenn ein Alarm ertönt. Bis heute bin aber auch ich selbst so schreckhaft, dass mich niemand hinter meinem Rücken ansprechen darf. Und meine ganze Kindheit lang hatte ich panische Angst im Bett, wenn sich durch die Rolladenschlitze im Kinderzimmer etwas bewegte. Die Angst meiner Mutter im Bombenkeller. In mir. Ich wünsche mir, dass meine Kinder nicht mehr so schreckhaft sind. Dass sie keine Todesangst haben, wenn es dunkel wird, nicht allergisch auf Sirenen reagieren. Oder zumindest: dass ich ihnen dieses Erbe nicht hinterlasse. Die Welt hält ja auch in der nächsten Generation noch genügend Schrecken bereit.

Wie vererben sich Kriegstraumata, wenn sie nicht wörtlich weitergegeben wurden? Denn vieles haben unsere Eltern ja in sich verschlossen, vieles haben sie uns vermeintlich erspart. Wie kann es sein, dass wir dennoch dieselben Reaktionen zeigen?

Erst allmählich sind Forscher den physiologischen Vorgängen auf der Spur. Ein erster Hinweis: An der ETH Zürich konnten Hirnforscher nachweisen, dass Stress zu einem Ungleichgewicht der Erbinformation führen kann. Der Insulin- und Blutzuckerspiegel bei Mäusen, die Stresssituationen ausgesetzt wurden, war noch eine Generation später höher als bei nicht-gestressten Mäusen. Die Hirnforscherin Isabelle Mansuy sagt dazu: »Wir konnten erstmals beweisen, dass traumatische Erfahrungen den Stoffwechsel beeinträchtigen und diese Veränderungen erblich sind.« Wie genau sich Informationen, Ängste, Gefühle vererben, dazu muss noch viel geforscht werden.

Als sicher kann aber jetzt schon gelten: Stress, der nicht bearbeitet wird, kann weitergegeben werden. Wenn wir nicht wollen, dass diese Kettenreaktion immer weitergeht, lohnt es sich also, sich damit zu befassen. Den eigenen biografischen Rucksack auszupacken und zu sortieren. Darin ist unsere Generation ziemlich gut, findet die Berliner Psychotherapeutin

Ingrid Meyer-Legrand: »Wir sind die Therapie-Generation.« Wir haben so viele Psychotherapien gemacht wie keine andere Generation vor uns. Und wir haben viele sinnstiftende Berufe ergriffen. »Es ist kein Zufall«, sagt die Psychologin, »dass so viele von uns Juristen, Psychologen, Journalisten und Sozialpädagogen geworden sind.«

Natürlich gibt es viele weitere Faktoren, die zu einer Berufswahl führen. Angebot und Nachfrage, Moden und Trends, in Deutschland auch sicher der Einfluss der US-amerikanischen Kultur, die Psychotherapie und Pädagogik sehr viel früher entstigmatisierte als in anderen Ländern. Aber es stimmt schon: Viele von uns haben Berufe ergriffen, bei denen wir uns selbst entfalten konnten, im Gegensatz zu unseren Eltern, die ihre eigenen Bedürfnisse zurückstellten. Und viele von uns sind Kümmerer geworden, Pädagogen, Erzieherinnen oder Journalisten, die sich eine gerechtere Welt erträumten. Und wer die Abiturfeiern unserer Kinder besucht, begegnet vielen Gerechtigkeitsfreaks. Sie wollen Psychologie studieren oder Tiermedizin, sie wollen den Hunger in der Welt bekämpfen oder doch zumindest den Geflüchteten vor ihrer Haustür helfen. Das haben wir Kriegsenkel schon ganz gut hingekriegt, finde ich. Keines unserer Kinder wird sich schämen, wenn es mal Hilfe braucht oder eine Therapie machen will. Hoffe ich.

»Die Kraft der Kriegsenkel« heißt das Buch von Ingrid Meyer-Legrand. Die Berlinerin beschreibt zunächst die »sekundäre Traumatisierung« unserer Generation: Wir haben unsere geflüchteten oder ausgebombten Eltern erlebt, wir haben ihre Geschichten gehört, wir haben gesehen, wie sie gelitten haben. Da ich selber unter Migräne leide, habe ich von vielen meiner Freundinnen diese Geschichten gehört: »Mama hatte immer Migräne, dann musste man die Rollläden herunterlassen und alle Kinder mussten leise sein.« Oder: »Papa war ein harter Hund, aber manchmal weinte er morgens vor der Arbeit, dann mussten wir ihn trösten.« Mein Freund Matthias pflegte seinen kriegsverwundeten Vater, der mit zerschossenem Rückgrat aus dem Russlandfeldzug zurückgekommen war und kein Wort sprach. Und dann zwölf Jahre lang von den Kindern gefüttert, gewickelt und gekämmt wurde. Für viele von uns Kindern war diese »Parentifizierung« eine viel zu große Aufgabe, viele konnten nicht recht Kind sein, weil sie sich um die bedürftigen Mütter, um die emotional verhärteten oder körperlich versehrten Väter kümmerten wie Eltern. Viel zu große Schuhe. Das ist das Belastende.

Auch dies beschreibt Edith Eva Eger eindrücklich. Audrey, ihre Tochter, zuckte nicht nur zusammen, wenn ein Alarm ertönte. Sondern musste sich immer wieder anhören, welches Leid ihre Eltern erfahren hatten. Eva hatte als Einzige in der Familie Auschwitz überlebt – weil sie Balletttanzen konnte und für den berüchtigten KZ-Arzt Josef Mengele tanzte. Eva musste zusehen, wie ihre Mutter in Auschwitz abgeführt wurde in die Gaskammer. Sie wurde später eine der berühmtesten Psychologinnen der USA, prägte maßgeblich die Forschung um das posttraumatische Belastungssyndrom. Und dennoch passieren dieser klugen Frau und ihrem Ehemann Béla so grauenhafte Erziehungsfehler wie dieser: »Am Abend von Mariannes Highschool-Abschlussfeier steht sie in ihrem Seidenkleid auf unserer vorderen Veranda. Am Handgelenk trägt sie ein wunderschönes Orchideensträußchen. Béla ruft: Viel Spaß, Süße! Weißt du, in deinem Alter war deine Mutter in Auschwitz, und ihre Eltern waren tot.«

Was für eine grässliche Vorstellung. Man möchte Kind sein, unbeschwerter hübscher Teenager, und wird doch ständig konfrontiert mit dem Leiden der Mutter. »Sie lebt ein Leben für sich selbst und das andere für mich, weil ich es nicht leben durfte«, schreibt Eger in ihrer lesenswerten Autobiografie »Ich bin hier, und alles ist jetzt«. Parentifizierung in Reinform. »Mitgefühls-Erschöpfung«, nennen es Psychologen.

Und dennoch: Genau aus dieser Erfahrung mit leidenden, traumatisierten Eltern wächst auch eine Kraft. Wir Kinder der 60er Jahre können oft sehr genau hinhören, wir fühlen mit, wir sind empathisch. Und wir übernehmen früh und oft Verantwortung im Leben. Das ist die Kraft der Kriegsenkel: unser Schicksal in die Hand nehmen und für eine gerechte Welt kämpfen. »Leise, aber beharrlich tragen die Kriegsenkel ihren Wunsch nach Frieden und Stabilität, Aussöhnung und Verständigung immer wieder in das Bewusstsein unserer Gesellschaft«, schreibt Joachim Süß in seinem Buch »Die entschlossene Generation«.

Und seine Kollegin Meyer-Legrand glaubt, dass sogar das große Willkommen, das viele von uns im Jahr 2015 den Flüchtlingen bereitet haben, ein Teil unserer Kriegsenkel-Stärke war. Unsere eigenen Eltern haben uns von Flucht und Vertreibung erzählt. Da waren wir acht, neun Jahre alt und konnten ihr Leiden nicht lindern. Aber heute können wir helfen. »Ich mache es für meine Mutter«, sagen manche Ehrenamtliche, die von der Therapeutin gecoacht werden.

Aussöhnung mit den eigenen Eltern – dafür ist das Häuser-Ausräumen ein guter Zeitpunkt. Wer wie ich achtzehn Cocktailgläser zum Second-Hand-Laden bringt, stellt ja nicht nur fest: Oh, da sind schon achtzig identische Gläser. Sondern fühlt: Oh, da sind viele andere Kinder der 6oer Jahre, die ähnlich aufgewachsen sind. Nicht nur meine Eltern, meine Gene, meine Erziehung – sondern auch die Zeitgeschichte hat uns alle beeinflusst. Oder, um es mit der Therapeutin zu sagen.

»Ich habe vielleicht eine Macke, aber es ist nicht nur meine Macke.« Ein grandioser Satz. Und man möchte gerne hinzufügen: »Ich habe vielleicht eine Macke, aber ich gebe sie nicht eins zu eins an meine Kinder weiter.«

Fairer Deal. So können unsere Kinder ihre eigenen Macken entwickeln. Eine Vorahnung bekomme ich jetzt schon davon. Die Generation Y hat jetzt neue Themen. Wie versprochen, machten wir uns nach dem Großumzug des Elternhauses daran, unsere Familienwohnung zu verschönern. Dazu gehörte: aufräumen, entrümpeln. Acht Kisten mit Legos standen im Keller, Star-Wars-Raumschiffe, Harry-Potter-Bausets, Ninjago. Ich schätze, ein kleines Vermögen lagert dort, aber leider unsortiert. Lego ist richtig viel Geld wert, aber es muss vollständig sein, am besten mit Originalverpackung und knitterfreier Bauanleitung. Schon beim ersten Versuch, die herrenlosen Figuren zu Geld zu machen, kam der jüngere Sohn, der als Scheidungskind zwölf Jahre lang gependelt ist zwischen Mama und Papa, ratlos aus dem Keller: »Han Solo habe ich gefunden«, sagte er mit einem halben Star-Wars-Raumschiff in der Hand. »Aber ich glaube, der Kopf ist bei Papa.« Kopf bei Papa. Keine Frage, die nächste Generation hat die nächste Macke.

Das habe ich gelernt in den zwei Jahren, in denen wir das alte Elternhaus ausgeräumt haben: nie wieder so viele Sachen anhäufen. Immer wieder aufräumen:

Spielsachen, Kleider, Erinnerungen. Je öfter wir das heute, am besten mit den großen Kindern zusammen, angehen, desto weniger Aufwand wird es morgen für sie, wenn sie unsere Dinge sortieren müssen.

»Aufräumen lernen« die letzte Trainingseinheit, die wir den großen Kindern angedeihen lassen können. Für Erziehung ist es längst zu spät, Legos abends sortieren, das hätten wir vor fünfzehn Jahren durchziehen müssen. Aber was wir jetzt alle zusammen geübt haben, die Töchter und die erwachsenen Enkel: wie wir herausfinden, an welchen Dingen das Herz hängt. Vor ein paar Wochen ereilte mich ein Panikanruf meines 20-jährigen Sohnes, der gerade ein Auslandssemester in Tansania verbringt. Seine heimische Wohngemeinschaft hatte sich mit dem Vermieter zerstritten und war fristlos gekündigt worden. Er in Afrika, seine Sachen am Studienort – ein Fall für Mutter. Mir war klar, viel könnte ich in meinem Kofferraum nicht retten. Mein Impuls war: der teure Koffer, alle Kleider und das Werkzeug. Ja, stimmte er zu, per Skype aus Tansania, aber wichtiger als alle Kleider: drei leere Weinflaschen, mit Kerzenwachs überzogen. Warme Dinge, würde die Psychologin sagen, offenbar Erinnerungen an besondere Abende. Der Vermieter beobachtete kopfschüttelnd, wie ich die wachsbedeckten, nach Rotwein riechenden Flaschen einpackte. Ich war stolz aufs Kind. Aufräumen für Fortgeschrittene.

EPILOG

Frühling 2019, meine Mutter ist schon über ein Jahr fest in Stuttgart. Ab und zu fährt sie nach Ravensburg, dann sitzt sie auf der Terrasse der Nachbarin und guckt zufrieden auf ihr altes Haus. »Ohne Wehmut«, sagt sie, »ich sehe ja die Stühle im Garten stehen, die machen viel mehr aus dem Grundstück als wir.«

Es ist ja auch viel Ravensburg in die neue kleine Wohnung in Stuttgart eingezogen. Ein mittelalterlicher Stich der alten Reichsstadt hängt im »Betreuten Wohnen« über dem Sofa, und viele Ravensburger Spiele stehen in der Glasvitrine aus ihrer Aussteuer. Dabei wollten wir zumindest die Kinderspiele alle verschenken, aber am Ende war beim Ausräumen die Energie weg. Ein Glück. Meine Mutter ist in Stuttgart in die Hausaufgabenhilfe für ausländische Kinder eingestiegen. Und immer, wenn der achtjährige Hamid zum Diktat kommt, will er anschließend Mikado spielen. Oder Schwarzer Peter. Sogar in den Weihnachtsferien kam er vorbei. »Der will einfach immer, dass ich der Schwarze Peter bin«, weiß meine Mutter. Jetzt sind noch zwei syrische Erstklässler dazugekommen, die kommen immer montags zum Hausaufgabenmachen, danach spielen sie »Mensch ärgere dich nicht«. Gut, dass wir die Spiele doch eingepackt haben.

Das ist sie jetzt in Stuttgart im Jahr 2019: Wahloma, Yogaschwester, Schwarzer Peter, neue Nachbarin. »Hier bin ich die Frau Ott«, sagte sie neulich, »daheim war ich ja nicht mehr so interessant für die Nachbarn.« Wohl der, die das mit 88 sagen kann: noch mal interessant werden.

Also alles gut? Nun ja, es gibt düstere Tage. Im Oktober, am Geburtstag meines verstorbenen Vaters, konnte sie nicht zu seinem Grab fahren. Die Bahnstrecke nach Ravensburg ist wegen Bauarbeiten unterbrochen, beide Töchter waren beruflich zu eingespannt, um sie mit dem Auto zu chauffieren. Morgens am Telefon weinte sie, und ich machte mir Sorgen. Ich erinnerte mich, dass uns beim Abschied aus Ravensburg der Pfarrer geholfen hatte – vielleicht könnte auch hier in Stuttgart ein Seelsorger helfen? »Nun aufwärts froh den Blick gewandt«, vielleicht hätte das evangelische Gesangbuch auch noch einen weiteren Text parat, der an einem traurigen Tag im neuen Zuhause die Seele erhebt?

Der Plan ging auf, wenn auch nicht so, wie ich dachte. Der Pfarrer war nett am Telefon und lobte sofort sein neues Gemeindemitglied. So kontaktfreudig!

So unternehmungslustig! Aber er könne erst gegen Mittag einen Hausbesuch einrichten. Am nächsten Tag rief meine Mutter begeistert an. Der Pfarrer war da! Mittags um eins! Bestimmt lebe der alleine. Also hat sie ihm erst mal Maultaschen gekocht. Von beten oder singen war nicht die Rede. Aber er soll jetzt öfter zum Mittagessen vorbeischauen.

Keine Frage, meine Mutter ist angekommen.

ANHANG

Das ABC der Dinge

Beim Ausräumen fiel mir auf: Viele Dinge können wir selber zwar nicht mehr unterbringen, aber sie sind viel zu schade zum Wegwerfen. Es sind Gegenstände, die in fast allen Elternhäusern unserer Generation vorhanden waren. Wer sich ein kleines bisschen Zeit dafür nimmt, findet für sie auch ein neues Zuhause. Dazu habe ich ein ABC der Dinge und Ideen erstellt. Vielleicht hilft Ihnen das bei Ihrer eigenen Geschichte weiter.

A Angelzeug

Angeln ist das neue Yoga. Längst angeln nicht nur ältere Herren, die sich samstags in verqualmten Fischerhütten treffen. Sondern immer mehr gestresste Großstädter, die zu ihrem hektischen Leben einen Ausgleich suchen. Analog. Den Angelschein kann man neuerdings online machen und notfalls rasch wiederholen – ein Grund, warum vor allem junge Männer zur Prüfung antreten. Und danach in die Ausrüstung investieren, gerne auch in gebrauchte. Wer also beim Ausräumen des Elternhauses Angelruten, Spulen und Klapphocker findet, sollte es unbedingt auf eBay probieren. Immerhin gibt es über drei Millionen registrierte Angler in Deutschland. Allerdings sucht selten jemand eine komplette Ausrüstung, weiß der Hobby-Angelgerätehistoriker Wolfgang Kalweit. »Die meisten suchen spezielle Dinge.« Aber für spezielle Dinge gibt es manchmal auch richtig Geld. »Ich habe schon Kunstköder oder Angelrollen für mehrere hundert Euro verkauft – wenn sie sehr alt waren.« Kalweit, der auch für verschiedene Angelmagazine schreibt, bietet seine Hilfe bei der Bewertung von altem Angelmaterial an unter www.altes-angelgeraet.de. Er gibt dann Tipps, wie man die Sachen am besten anbietet. »Und manches kaufe ich auch direkt, und es wandert in meine Sammlung.«

B Briefmarken

Ja, das gibt's. Papa hat Briefmarken gesammelt und sorgfältig katalogisiert, Sohn sammelt Briefmarken und hat keine Mühe, das Erbstück zu taxieren. Aber eines gibt's noch viel häufiger: Generation Smartphone räumt ein Großelternhaus aus und weiß mit Müh und

Not, was für eine Briefmarke 2019 auf eine Postkarte geklebt werden muss. Wohin dann mit dem ganzen unsortierten alten Brief- und Portostapel? Dafür gibt es seit 150 Jahren eine perfekte Adresse: Bethel. Die »von Bodelschwinghschen Anstalten«, eine der größten diakonischen Einrichtungen in Deutschland, sammeln Briefmarken, postfrisch oder gestempelt. Einhundertzwanzig Menschen mit Behinderung sortieren sie, dann werden sie säckeweise an Sammler verkauft. Die wissen vorher nicht, ob sich eine Rarität in dem Sack versteckt. Zum Beispiel jene Marke mit Seltenheitswert, die Audrey Hepburn mit Zigarette zeigt. Wurde von Hepburns Erben im Jahr 2001 zurückgezogen, einige wenige schafften es auf den Markt, ein Exemplar landete in Bethel. Ein Sammler erwarb das gute Stück, nichtsahnend. Und wurde Millionär. Also, wer den Dachboden der Eltern nach Audrey Hepburn mit Zigarette absuchen mag, nur zu. Wer nicht ganz so viel Zeit hat und ohnehin lieber ein gutes Werk tut, ab damit nach Bethel: www.briefmarken-bethel.de

C Christbaumschmuck

Diese Christbaumspitze aus Silber! Immer steckte sie auf der kleinen Tanne, die Oma auf ihrem Couchtisch stehen hatte. Und unter dem Baum stand die

Engelskapelle aus Porzellan. Mit dem Schlagzeuger, dem ein Flügel fehlte. Was tun, wenn Oma ins Altenheim kommt oder stirbt – und wir selber wollen gar keinen Baum an Heiligabend? Oder nur einen draußen auf dem Balkon, wo die Engel erfrieren würden? Oder einen Zwei-Meter-Baum, der nun wirklich keine Spitze mehr verträgt? Wegwerfen ist schwierig. Hätten wir das Haus vor dreißig Jahren ausgeräumt, hätten wir vielleicht noch mit spätpubertärem Furor ausgemistet. Weihnachten! Wie verlogen! Grässliche Lieder, zu viele Kohlenhydrate und Stress mit dem Onkel. Aber die meisten von uns sind beim Ausräumen heute in den 50ern. Und sind spätestens ab dem Ersten Advent doch eher sentimental gestimmt. Ach, war doch immer schön. Was wir jetzt am ehesten wegwerfen können: Den ungelenk gefalteten Silberfolien-Stern, den Mama jedes Jahr nur aus Pietät aufhängte, um uns nicht zu blamieren. Der hat seinen Job erledigt. Wegwerfen kann man alles, was kaputt, brutalst hässlich oder verdorben ist, wie etwa lackierte Nüsse, Äpfel und Tannenzapfen. Den Rest behält oder verschenkt man. Oder bietet ihn im Netz an unter »alter Christbaumschmuck«. Sie werden sich wundern, wie viele Menschen sich melden.

D Dias

Eine Freundin fand beim Ausräumen des Elternhauses 1500 Dias. Hochzeitsreise. Flitterwochen. Das erste Kind, die ersten Schritte, die Feier zur Einschulung. Da sie auch einen Diaprojektor fand, sowie zahlreiche Vorlegegabeln, weiße Porzellanplatten und Goldspieße in Schwertdekor, lud sie kurzerhand zur 70er-Jahre-Party. Mit Diavortrag, Häppchen und Gürkchen-Glaszwiebel-Spießen. Danach rettete sie genau zwanzig Dias, verkaufte den Projektor bei eBay. Und warf den Rest weg.

Darin stecken viele gute Ideen. Eine schlechte Idee wäre, Dias lange aufzuheben. Spätestens nach dreißig Jahren führt der chromogene Prozess dazu, dass die Farben vergilben, bei manchen passiert das schon nach fünfzehn Jahren. Die NASA rät, Diamagazine bei vier Grad im Dunkeln aufzubewahren, bringt noch mal zehn Jahre. Aber ewig halten sie nicht, drum hat die Freundin gut gehandelt. Man rettet die besterhaltenen, indem man sie digitalisieren lässt (viele Anbieter dafür findet man im Netz). Für rund 10 Cent pro Dia werden sie auf einem USB-Stick oder einer DVD gespeichert, bei Bedarf auch noch etwas farblich verbessert. Vom Stick aus kann man so viele Fotobücher, Tassen oder Memory-Spiele basteln, wie man will. Und unsere Kinder können später eine 2000er-Party damit feiern.

E Europareise (und andere Spiele)

Wer beim Aufräumen des Elternhauses auf alte Brett- und Kartenspiele stößt, sollte sich freuen: In diesem Haus wurde gespielt. Gemeinsam am Tisch gesessen. Gewürfelt, geschummelt, gewonnen. Und verloren. Wer spielt, lernt fürs Leben, Spiele sollte man unbedingt aufbewahren, sie sind Erinnerungen an gute Stunden als Kind. Und später können wir sie mit unseren Enkeln spielen. Oder? Ich habe diese »Europareise« von 1975 beim Aufräumen gefunden. Europa vor der Wiedervereinigung. Spielkarten mit Reiseaufträgen wie: »Holen Sie eine Tonne Kaviar im Hafen von Sebastopol« oder »Sie sind zu den Weißen Nächten in Leningrad eingeladen«. Gibt's nicht mehr, heißt jetzt St. Petersburg, und die Reiseroute durch die ehemalige DDR würde man heute auch anders gestalten. Ich würde dieses Spiel nie entsorgen. Wir haben es mit meiner französischen Austauschschülerin gespielt (»was bittööh ist...«). Wir haben es mit dem kanadischen Brieffreund meiner Kinder gespielt, dem wir erst mal erklären mussten, wie das mit dem Zusammenbruch der Sowjetunion war. Und als meine Mutter mit achtzig mit Schlaganfall ins Krankenhaus kam, hatten die Enkel als Erstes die Idee: Wir nehmen das Kartenspiel »11er raus« mit auf die Intensivstation. Mal sehen, ob Oma schon die grüne 11 von der blauen 11

unterscheiden kann. Spiele wirft man nicht weg. Wenn
man wirklich gar keinen Keller hat, um sie aufzubewahren für die Enkel oder Neffen in spe, kann man bei
Kindergärten oder Flüchtlingseinrichtungen im Stadt-
teil nachfragen, ob Interesse daran besteht.

F Familienbibel

Zur Konfirmation oder zur Firmung gab es in einem
christlichen Haushalt traditionell eine Bibel, einen Pyjama und weiße Socken. Pyjama und Socken hat hoffentlich die Waschmaschine längst verschluckt, aber
wer im Elternhaus die Bibel findet, sollte sie aufheben. Vielleicht haben die Eltern sie nicht zur Konfirmation oder Firmung bekommen, sondern zur Trau-
ung. Vielleicht klebt vorne drin noch der Spruch,
der sie fünfzig Jahre begleitet hat. »Nun aber bleiben
Glaube, Hoffnung, Liebe, diese drei; aber die Liebe
ist die Größte unter ihnen.« Wo das steht, können Sie
auch googeln, klar: 1. Korinther 13,13. Aber was ist das
überhaupt, das Hohelied der Liebe, wo steht es, und
was kommt danach? Gehört in diesem Land zur Allge-
meinbildung, da können Sie noch so ausgetreten und
dagegen sein.

Bibeln waren traditionell kostbare Bücher und wurden vererbt. Sie ermöglichen seit 2000 Jahren das

Gespräch über die Generationen hinweg. Die ältesten Erzählungen des Alten Testaments geben einen Einblick in die Abgründe einer anarchischen Welt, in der Stämme gegeneinander kämpften. Allein um zu verstehen, wie mühsam es war, in dieser Welt das Recht zu etablieren, das heute für den internationalen Frieden sorgen soll – allein dafür sollte man eine Bibel im Schrank haben.

Und wenn Sie schon drei Bibeln haben? Nehmen Sie das Erbstück eben, um mit den Enkeln im Herbst ihre gesammelten Ahornblätter zu pressen. Oder legen Sie sie unter das Tischbein, das seit Jahren den Tisch zum Wackeln bringt. Bibeln wirft man nicht weg. Und falls Sie beim Ausräumen eine Bibel finden, die mehr als hundert Jahre alt ist, womöglich gar aus Luthers Zeiten, fragen Sie mal bei der Deutschen Bibelgesellschaft www.die-bibel.de oder beim www.bibelhaus-frankfurt.de nach.

G Gold- und Silbermünzen

Wer Münzen bei den alten Eltern findet, muss bisweilen richtig tapfer sein. Viele Senioren sind auf reißerische Schlagzeilen hereingefallen, wie: »Der Zusammenbruch des Systems naht.« Haben dann Münzen bestellt, die vermeintlich Sicherheit in unruhigen Zeiten versprachen. Und sahen sich dann einem aufdringlichen Marketing ausgesetzt, das einem Abonnement ähnelte. Eine Freundin brachte alle Münzen, die der Vater so über Jahre vermeintlich »abonniert« hatte, zum Händler – sie waren nur das Metall wert, keine mehr als 5 Euro. Drum erst mal checken: Gibt es wirklich eine Art Abonnement? Dann muss es sofort gekündigt werden, hier hilft die Verbraucherzentrale. Dann ins Internet gucken oder ins Fachgeschäft gehen.

Klar gibt es Münzen, die über die Jahre an Wert gewonnen haben. Zumal, wenn gerade der Goldpreis gestiegen ist. Seriöse Adressen sind zum Beispiel www.scheideanstalt.de

Oder www.degussa-goldhandel.de. Man schickt die Münzen ein oder geht persönlich hin.

Aber häufig ist es so: Unsere Eltern haben 1972, als die Olympischen Spiele in München stattfanden, die 10-DM-Münze gekauft mit dem Strahlenstern. Es sollte ein Andenken sein an die Spiele und ein Notgroschen für die Enkel. 100 Millionen Olympiamünzen wurden damals ausgegeben, der Bund hat ein gutes Geschäft gemacht. Wer sie heute eintauschen will – das geht zum Beispiel bei der Bundesbank –, bekommt ziemlich genau den Silberwert wieder, 5,50 Euro. Keine dolle Geldanlage. Dann lieber: behalten. Vielleicht kommen ja doch mal wieder Olympische Spiele nach Deutschland.

H Haushaltsgeräte

10 000 Haushaltsgegenstände schafft ein Durchschnittshaushalt im Laufe seines Lebens an. Und nichts prägt unsere Dinge-Kultur der Nachkriegszeit so wie die Technisierung unserer Haushalte. Geräte halten immer kürzer, sie werden immer schneller von der nächsten Generation abgelöst. Es macht meist keinen Sinn, die alten Geräte aus den Elternhäusern aufzubewahren oder zum Trödler zu bringen. Oft sind sie unpraktisch, meist Stromfresser und im schlimmsten Fall gefährlich. Sie müssen in den Elektroschrott. Und wenn dieser bittere Gang zu irgendeiner Lektion gut ist, dann dazu: Nicht mehr so viele neue Geräte kaufen!

I iPhones, PCs und andere alte Computer

Finden Sie beim Aufräumen zufällig das allererste iPhone 2G von 2007? Glückwunsch! Es kann, originalverschweißt, bis zu 15 000 US-Dollar wert sein. Das ist die gute Nachricht. Die schlechte: Fast alle anderen frühen iPhones und iMacs, selbst die wirklich wunderschönen mit der Kugel, sind auf dem Gebrauchtmarkt wenig wert. Dasselbe gilt für PCs. Hinzu kommt: Computer verkaufen macht Arbeit. Festplatte löschen,

WIRKLICH löschen, dazu brauchen die meisten von uns Hilfe. Denn wer will schon, dass der nächste Besitzer unsere Liebesbriefe und Steuererklärung liest. Kommt in jedem zweiten Tatort vor – Festplatten sind immer irgendwie zu retten. Für Babelsberg und Hollywood mag das ein nettes Drehbuch abgeben, für die meisten von uns ist es unnötiger Stress. Sehr viel sympathischer ist, den alten Computer zu spenden. Zum Beispiel dem Würzburger Verein »Angestöpselt«. Er sammelt gebrauchte Computer ein, möbelt sie wieder auf und verschenkt sie an Leute mit wenig Geld. Wer Bedarf hat (den weist man z. B. mit einem Hartz-IV-Bescheid, einem Rentenbescheid oder einem Studentenausweis nach), bezahlt zehn Euro Bearbeitungsgebühr und bekommt einen gebrauchten Rechner. Ohne viel Bürokratie. Rund zweihundert Rechner kommen im Monat bei dem Verein an, nach einer Stunde sind die Daten gelöscht, und ein neuer Besitzer kann ihn mitnehmen. »So bekommen auch Menschen mit wenig Geld einen Zugang zur digitalen Welt«, freut sich Moritz Beck, der Abiturient aus Würzburg, der schon mit dreizehn ehrenamtlich im Angestöpselt-Laden mithalf (www.angestoepselt.de). Spenden kann man alte Computer auch für Schulen und Waisenhäuser in ärmeren Ländern, Adressen findet man unter bildungsspender.de. Und wer mit seinem alten Handy noch segensreich wirken will, guckt erst mal beim eigenen Anbieter (Telekom, Vodafone etc.) auf der Webseite, ob der Erlös für recycelte Handys an gemeinnützige Projekte gespendet wird. Oder bei den potenziellen Spendenempfängern – so bieten Naturschutzverbände wie Nabu und BUND an, mit dem Gewinn aus gespendeten Handys Naturschutzgebiete zu renaturieren oder Gorillas zu schützen.

Wer technisch versiert und bastelbegabt ist, kann auch Einzelteile von veralteten Rechnern »upcyceln«. Zu Gitarrenverstärkern, Mail-Terminals oder Spiele-Servern. Und wenn gar nichts mehr geht, muss der alte Computer in den Müll, aber auf keinen Fall in den Hausmüll. Jeder Wertstoffhof hat einen Extracontainer für Computer und Bildschirme. Und jeder Händler muss (seit dem Elektrogesetz von 2016) maximal fünf Kleinelektrogeräte pro Person zurücknehmen. Die Begeisterung steigt, wenn sie dort ein neues Gerät kaufen, oft gibt es für das alte Gerät auch einen Gutschein für den Einkauf des neuen.

J Jacken und andere Klamotten

ICH WAR EINMAL... ein geometrisch gemustertes Kleid aus den 60er Jahren und ein traditioneller chinesischer Rock. So fängt eines von vielen Kapiteln an, die Berlinerinnen rund um Kleider der Sechziger und

Siebziger-Jahre recherchieren. Sie nennen es »wachküssen«. Das geometrische Kleid entstand nach einem typischen Burda-Schnitt der 70er Jahre, der Rock wurde von einer armen Näherin in Form gepresst und auf Hochzeiten getragen. Solche kleinen Sozialgeschichten der Klamotte erzählt die Initiative »Bis es mir vom Leibe fällt«. Die Idee: Jedes Kleidungsstück hat eine Geschichte. Und eine Zukunft. Wer Omas Bluse in den kleinen Laden bringt, kann daraus ein schickes Hemd schneidern lassen, einen Kissenbezug oder eine Wärmflaschenhülle. Noch besser: Man lernt selber, die alten Kleider umzunähen. »Bis es mir vom Leibe fällt« ist nur eine von unzähligen Initiativen in Deutschland, die alte Kleider wiederverwendet. Es gibt fast in jeder Stadt Nähcafés oder Nähzirkel, oft bei Kirchengemeinden. Wer aber mit Handarbeiten absolut nichts zu tun haben und alte Kleider einfach nur loswerden will: Kleiderbasare, Flohmärkt, Pfennigparade – in jeder Stadt gibt es gemeinnützige Veranstaltungen, wo man gut erhaltene Kleider abgeben kann. In größeren Städten auch Läden von Oxfam, Rotem Kreuz oder den Diakonien. Wie schön, wenn man dort einen gut erhaltenen Herrenanzug abgibt – und die ehrenamtliche Dame hat sofort ihren Karteikasten parat: Gerade gestern suchte ein junger Syrer einen Anzug fürs Bewerbungsgespräch. Bingo!

K Kunstwerke

Sie finden im Haus Ihrer Eltern einen Andy Warhol oder einen Roy Liechtenstein, und der ist echt? Unwahrscheinlich. Aber – herzlichen Glückwunsch. Kunstexperte Frank Küpping, Betreiber der Plattform schaetze24.de, hat schon erlebt, dass Kindern versprochen wurde, mit dem Kunst-Erbe hätten sie ausgesorgt. »Und dann stellte sich heraus, es war in China kopiert worden.« Er hat aber auch schon das Gegenteil erlebt: Ein Sohn fand ein Bild im Elternhaus, das sich als spätvenezianische Kunst aus dem 17. Jahrhundert entpuppte. Und über 200 000 Euro wert war. Bei schaetze24 kann man Kunst schätzen lassen – gegen eine geringe Gebühr.

Sachverständige findet man auch über die örtliche Industrie- und Handelskammer und bei allen Amtsgerichten. Gemäldeexperte Hans Ottomeyer, für die Fernsehsendung »Kunst oder Krempel« tätig, verriet unlängst die Trends: eher helle Landschaft als dunkle, eher Blumenstrauß als religiöse Motive. Aber das kann morgen schon wieder anders sein.

Häufig findet man bei den Eltern Kunstwerke mit einem Bezug zur Heimatstadt. Alte Stiche, Landkarten, Ölgemälde der Burg oder der Wahrzeichenkirche. Dann kann man beim Heimatmuseum und der Kirchengemeinde nachfragen und beim örtlichen Antiquitätenhändler. Fast alle Landesmuseen und einige kleine Museen haben regelmäßige Beratungsstunden, bei denen man fachliche Auskunft bekommt.

Neuerdings gibt es auch gemeinnützige Organisationen, die im Zuge ihres Erbschaftsmanagements Experten unter Vertrag haben. Wer zum Beispiel den Wert seiner Kunststücke gerne an Greenpeace spenden will, kann dort einen Auktionator ordern. Richtig kompliziert wird es, wenn Mama oder Papa selber gemalt und viele Bilder hinterlassen haben. Es wäre wirklich gut, man würde zu Lebzeiten mit ihnen diskutieren, was mit den Bildern passieren soll. Denn das ist nicht schön: die Bilder der verstorbenen Mutter einer Galerie anbieten und hören, dass sie gar nie etwas wert waren.

Dann bleibt nur noch: ein Bild behalten. Eine Kollegin wählte das größte, kitschigste Ölgemälde mit dem Sonnenuntergang über dem Hamburger Hafen. Hängte es in ihre hypermoderne Loftwohnung in der Hafencity, als Kontrast zum Stahl und Glas. Und den Rest hat sie entsorgt.

L Leuchten

Kupferkranz mit acht Leuchten? Schwierig. Nachttischlampe in Knallorange aus den 70ern? Kommt gerade wieder. Mit Leuchten ist es wie mit der Kunst: Man kann als Laie schlecht einschätzen, was gerade geht am Markt. Tiffany? Jugendstil? Bauhaus? Schaetze24 hat dreißig Experten aus unterschiedlichen Fachgebieten unter Vertrag, die Leuchten (aber auch Porzellan, Möbel, Teddybären und Kunst) begutachten. Dafür bezahlt man zwischen 25 und 60 Euro.

M »Momo« und andere Bücher

Mein erstes Buch, das ich mir selber verdient habe, war »Momo«. Ich bekam es, weil in unserer Stadt jedes Kind, dessen Zeugnis besser als 2,0 war, einen 10-Mark-Gutschein bekam für die örtliche Buchhandlung. Dort gab es eine begnadete Verkäuferin, die mir in einem Sommer »Momo« empfahl. Und im nächsten Sommer fragte: »Wie hat dir Momo gefallen?« Klar, dass ich dieses Buch immer behalten werde. Und »Als Hitler das rosa Kaninchen stahl«. Und »Krabat« von Otfried Preußler. Ich bewahre damit nicht nur das Buch auf, sondern ein Kauferlebnis, eine Sehnsucht auch nach wirklich bibliophilen Leserättinnen-Verkäuferinnen, die mir heute manchmal fehlen.

Aber wer sein Elternhaus aus den 60ern und 70ern ausräumt, findet nicht nur »Momo« und »Krabat«. Man findet »Und Jimmy ging zum Regenbogen« von

Johann Mario Simmel. »Der Spion, der aus der Kälte kam« von John Le Carré. Meine Eltern, die aus kleinen Verhältnissen kamen, waren Mitglied beim Bertelsmann-Buchclub. Für eine Mitgliedsgebühr bekam man jedes Quartal ein Buch, zum Beispiel »Und Jimmy ging zum Regenbogen«. Meine Freundin Elke, mein Jahrgang, fand beim Ausräumen ihres Elternhauses in Bayern dieselben Titel wie ich am Bodensee. Die Eltern waren im selben Buchclub. Sie ist ein Bauernkind, heute promovierte Germanistin, und sie beschloss, diese Bücher nicht zu entsorgen. Weil mit diesen Büchern, auch wenn sie ganz und gar keinen Literaturpreis gewonnen haben, ein Bildungsaufstieg markiert wurde, weil ihre Eltern ihr damit die Welt der Buchstaben, Wörter und Sätze eröffnet haben. Sie überzeugte ihren Bruder, der den elterlichen Hof übernahm, den Schweinestall zur Bücherstube auszubauen. Wo früher Schwein Lola und Sau Lulu wühlten, wohnen jetzt Simmel, Konsalik und John Le Carré.

Für alle, die viele Bücher ausräumen müssen und keinen Schweinestall zur Verfügung haben, gibt es viele Abnehmer. Man kann im Stadtviertel einen offenen Bücherschrank suchen (oft auch in Freibädern), einen Oxfam-Shop oder Diakonie-Laden oder bei seltenen Büchern einen Antiquar. Wer Zeit hat, stellt sein Buch gebraucht bei amazon.de ein, wer es eiliger hat, bei www.momox.de. Und egal, wie man es macht, versteht man: Bücher aufräumen macht richtig Arbeit. Und wird auch für unsere Kinder eines Tages eine große Aufgabe. Drum die Faustregel: Für jedes neue, das wir heute kaufen, können wir eines verschenken an die beste Freundin. Am besten gleich, nachdem wir es gelesen haben, dann können wir uns darüber unterhalten. Jetzt. Nicht in zwanzig Jahren.

N Nerz und andere Pelze

Die Mutter hat ihn in den 60er Jahren bekommen vom Vater. Er war mächtig stolz, dass er sich den Nerz leisten konnte, sie war mächtig stolz, dass sie ihn bekommen hat. Er kostete 6000 Mark, mehr als ein VW Käfer. Sie sollte ihn vor allem sonntags tragen, wenn die Leute guckten. In der Kirche. Beim Spaziergang. Er wurde extra angefertigt von einem der drei Kürschner am Ort, die Kinder durften zu jeder Anprobe mitkommen und bekamen graue und braun gescheckte Pelzreste geschenkt, aus denen sie kleine Katzen fürs Puppenbett bastelten. Das sind alles schöne Erinnerungen, aber man kann es drehen und wenden, wie man will: Der Pelz hat seither seine Unschuld verloren. Tierschützer haben mit guten Argumenten und relativ rabiaten Methoden geschafft, dass der Markt völlig zusammengebrochen ist. Zwar schmiegt sich an mancher

Outdoorjacke ein Kätzchen um die Kapuze. Aber wer einen ganzen Nerz einfach weiter trägt, läuft Gefahr, in der Fußgängerzone rosa angesprüht zu werden, wer will das schon? Mit Glück gibt es noch einen Kürschner am Ort, sollte er Mitglied der Kürschner-Innung sein (kuerschner-innung.de), nimmt er ihn vielleicht zurück oder ändert ihn um. Oder man macht es so wie eine Freundin, die lange in Finnland lebte, wo man ganz selbstverständlich Pelz aus zertifizierter Rentierzucht trägt. Als sie das Haus ihrer Mutter ausräumte und einen Nerzmantel fand, beschloss sie drei Dinge. Der Nerz ist eh schon tot. Ich möchte nie wieder frieren. Ich trage ihn zum Adventsgrillen. Je nach Grillgut ist das Karma dann eh schon futsch. Dann kann man auch Omas Nerz tragen.

O Objektive

Sie waren mal richtig teuer: Papas Teleobjektiv, mit dem er auf dem Nürburgring angeblich Jochen Rindt fotografiert hat. Obwohl der ganz weit entfernt bei den Boxen stand. Objektive können die meisten von uns heute nicht mehr brauchen. Weil wir digital fotografieren. Aber es gibt einen Gegentrend. Amateure und Profis finden neuen Gefallen an der Analog-Fotografie, und der Markt für gebrauchtes Zubehör ist riesig.

Manche Fotohändler nehmen gebrauchte Objektive in Zahlung. Reibungslos funktioniert aber auch die Plattform mpb.com. Man gibt den Namen des Objektives, Blattes oder der Kamera an, vergleicht sein Objektiv mit den Fotos und klickt dieses an, schätzt den Zustand des Gerätes ein – dann macht mpb einen Preisvorschlag. Wenn man einverstanden ist, schickt man die Geräte portofrei ein und bekommt sein Geld. Ähnlich funktioniert die Plattform rebuy.de, die neben Kamerazubehör auch andere Elektronik annimmt.

→ Siehe auch *iPhones, PCs und andere alte Computer.*

P Puppen

Meine liebste Puppe hieß »Schlummerle«, und so wurde sie auf sämtlichen Packlisten für den Urlaub gelistet. Ich nehme mit: eine Zahnbürste, ein Buch und Schlummerle. Schlummerle kann man nicht entsorgen, sie ist Teil der Familie. Aber beim Ausräumen unserer Elternhäuser finden wir nicht eine, wir finden ein Dutzend Puppen. Suchen Sie eine aus, die so lieb guckt wie Schlummerle, die nehmen Sie mit. Über die andern freuen sich vielleicht Familien, die neu in Deutschland sind. Fragen Sie bei der Kirchengemeinde oder der Stadtverwaltung, wo Unterkünfte von Geflüchteten sind, rufen Sie an, ob sich jemand freuen würde über Puppen. Nein, es ist nicht peinlich, dass die Puppen alle blond sind und eine Frisur wie Hannelore Kohl haben. Puppen sehen nie realistisch aus, weder in Aachen noch in Aleppo.

Q Quartett

Im Moment kommen sie wieder in Mode: Quartette, bei denen man sich gegenseitig überbieten kann mit PS-Stärken, Hubraum oder in der ironischen Museumsshop-Variante mit der Leistung von doofen Diktatoren oder schrottreifen Atomkraftwerken. Quartett ist Kult. Und das schon seit dem 16. Jahrhundert, als ein Franziskanermönch die Spielkarten als Lernkarten erfand, er wollte seinen Novizen Grammatik und Mathematik damit beibringen. Wenn Sie ein historisches Quartett finden, können Sie es in der regen Sammlerszene probieren. In der Europäischen Spielesammler-Gilde (www.e-s-g.eu) findet man fast für jedes Spiel einen Sammler. Die Quartett-Sammler sind besonders aktiv, bestätigt Tristan Schwennsen, Historiker im Archiv des Ravensburger Spieleverlags. Je nach Sorte (Schiffe, Autos, Musikinstrumente, Schwarzer Peter), findet man Interessenten auch auf www.quartettportal.de, die ebenfalls von der Spielesammler-Gilde betrieben wird. Aber nicht zu euphorisch sein – diese

Sammler sind in der Regel schon sehr gut sortiert. Aber vielleicht fehlt einem ja genau dieses Spiel von 1921 mit den historischen Kirchen.

R Regenschirme

Wenn es anfängt zu regnen, wachsen aus der Frankfurter oder Berliner Innenstadt scheinbar fliegende Händler aus dem Boden, und sie verkaufen Regenschirme für 5 Euro. Warum also soll man beim Ausräumen eines Elternhauses einen Regenschirm retten? Weil man eigentlich nie genug Regenschirme haben kann. Gut, im Kofferraum ist schon einer, im Büro ebenfalls und im Schirmständer ohnehin drei vergessene von Gästen, an die sich keiner erinnern kann. Jetzt sind also weitere vier im Elternhaus aufgetaucht. Ja, und? Machen Sie es wie die Queen, die zu jedem Outfit einen Schirm hat. Ja, auch zum blau-weiß gepunkteten. Es regnet gar nicht? Audrey Hepburn trug ihn immer als Sonnenschirm.

Bestimmt finden Sie beim Ausräumen einen Knirps, der mit dem roten Punkt, über dessen Namen sich Ihre Kinder beömmeln. Knirps, was für ein blöder Name für einen Schirm. Aber der Knirps war immer dabei auf den Sonntagsspaziergängen, damit die Dauerwelle von Mama nicht durch einen plötzlichen Regenguss zerstört würde. Dauerwelle? Sonntagsspaziergang? Am besten, Sie erzählen Ihrem Sohn bei einem Spaziergang von diesen Erfindungen der 70er und 80er Jahre, während Sie ihn mit dem alten Knirps vom Sport abholen. Irgendwann streckt der Knirps ohnehin seine kaputten Streben von sich und ist kaputt, dann darf er weg. Aber so lange soll er Sie behüten.

S Silberbesteck

Bei unseren Eltern gehörte Silberbesteck zur Aussteuer. Oft war es ein Hochzeitsgeschenk, bei 12 Personen 68 Teile ohne die endlos vorhandenen Vorlegelöffel, Fleischgabeln, Zuckerlöffel etc. Wir Kinder fanden es gar nicht so toll, wir hatten ja gerade erst gelernt, mit Messer und Gabel zu essen. Und dann mit diesen schweren Werkzeugen! Und als in den 70er Jahren endlich die heiß ersehnte Spülmaschine ins Haus kam, sollte man ausgerechnet das Silber trotzdem von Hand spülen. Und abtrocknen. Nervig! Aber ein Blick in jedes beliebige trendige Restaurant zeigt: Silberbesteck ist wieder im Kommen. Wohnzeitschriften schwärmen von den »geliebten Schätzchen«, kombinieren altes Besteck mit neuem Design und inszenieren die schweren Silbergabeln auf schwarzem Marmor. Tischdeko mit Geschichte ist in. Wer Platz hat, kann es machen wie Wohn-Redakteurin Judith Schüller: »Immer wenn ich Marmorkuchen gebacken habe, hole ich das Erbstück aus dem Schrank.«

Wer Silber unbedingt loswerden will, geht zum örtlichen Juwelier oder guckt im Netz, da der Silberpreis steigt und steigt, lohnt sich unbedingt der Preisvergleich über Scheideanstalt und Degussa.

T Teppiche

Der Teppich hat in den Häusern unserer Eltern eine wechselhafte Karriere erlebt. Als er angeschafft wurde, haben die Eltern lange drauf gespart. Er war ein Statussymbol wie die schwere Couchgarnitur und die Schrankwand aus Eiche. Er schluckte den Lärm unserer Klacker-Clogs in den 70er Jahren, aber er schluckte auch eine Menge Lachen und Lebendigkeit. Schwer. Düster. Staubig. Viele von uns Kindern haben sich in der ersten eigenen Studentenbude befreit von Teppichen und Vorhängen. Hell und luftig sollte es sein. Und bei den Eltern mussten wir die Teppiche auch nach und nach wegräumen. Die Eltern wurden alt, wurden kurzsichtig, verloren öfter mal das Gleichgewicht. Also rollten wir die Stolperfallen ein und packten sie weg. Und jetzt? Wohnpsycholo-

gen sagen, unsere Generation hat es eher übertrieben mit dem Cleanen, Hellen und Transparenten. Ein
bisschen Höhle ist gut für die Seele, da helfen Teppiche. Und für Frauen mit notorisch kalten Füßen sind
gute Teppiche ein Genuss. Also zweimal überlegen, ob
man sie wirklich weggibt. Verkaufen bringt wenig, sagt
schaetze24-Betreiber Küpping: »Da erlebt man herbe
Enttäuschung.« Am ehesten kann man sie in Zahlung
geben bei Händlern, wo man einen neuen Teppich
kauft. Und sonst? Die Enkel fragen. Die sehen es ähnlich wie bei den Pelzen, jenseits von der Ideologie: ist
schön warm. Nehm ich mit in die Studentenbude.

U Urlaubssouvenirs

Am häufigsten findet man den Eiffelturm, gefolgt von
Gondeln aus Venedig. Gefertigt in China. Materieller
Wert nahe null, biografischer Wert: unschätzbar. »Weil
die Ware Reise immer kürzere Verfallszeiten hat, boomen die Anker der Erinnerung«, sagt der Frankfurter Designkritiker Volker Fischer, »an tausend Eiffel-
türmen aus Kupferguss hängen tausend verschiedene
Reiseerinnerungen.« Unsere Eltern, deren Haus wir
ausräumen, haben sich oft viele Jahre lang das Reisen versagt, sie haben gespart für den Hausbau und
die Ausbildung von uns Kindern. Viele haben spät, oft

erst im Ruhestand, das Reisen begonnen und Souvenirs mitgebracht. Kleine Giraffen von der Safari, die Jerusalemer Grabeskirche oder der Stall von Bethlehem von der Israelreise. »Ich war da«, heißt das Souvenir. Und das hat eine lange Tradition: Schon die ersten Pilger brachten Andenken mit. Auch echte, klar, aber neunzehn Vorhäute Christi und fünf Dutzend Fingerknochen deuteten schon damals auf Massenproduktion hin. Für den Massenansturm der Pilger wurden sie aus Ton gegossen oder aus Zinn gepresst. Im Mittelalter erwarben die Pilger kleine Zeichen aus Zinnblei. Allein von der Marienwallfahrt 1466 in Einsiedeln existieren 130 000 Pilgerzeichen. Und wenn der Pilger starb, gab man ihm sein Pilgerzeichen mit ins Grab. Ein Souvenir ohne die biografische Aufladung ist nämlich immer schon – wertlos, sagt Professor Schneider. Dem Opa haben wir tatsächlich ein kleines Rennauto, Erinnerung an den Grand Prix in Hockenheim, mit ins Grab gegeben. Der Enkel legte es sorgfältig auf den Sarg. Wer sagt denn, dass es im Himmel keine Formel 1 gibt?

V Vasen

Mama mochte gerne Sonnenblumen? Dann wird man diese braune große Bodenvase, in der immer die Sonnenblumen standen, wohl behalten. Auch wenn braun und groß nicht in unsere moderne Wohnung passt. Aber was macht man mit den anderen siebzehn Vasen, die man beim Ausräumen des Elternhauses findet? Verkaufen und per Post verschicken? Macht viel zu viel Arbeit bei zerbrechlichen Dingen. Drum am besten bei einer der Nachbarschafts-Apps anbieten, zum Verkaufen oder Verschenken. Shpock ist eine Art virtueller Flohmarkt: Man lädt sich die App aufs Handy und bietet seinen Krempel in einem, drei oder fünf Kilometern Entfernung an. Interessenten kommen dann vorbei und holen die Vase, den Skianzug oder das Sofa ab. Allerdings kann die App, weil rein kommerziell, ziemlich schnell nerven, sie erinnert auf allen virtuellen Wegen daran, dass es sie gibt. Etwas weniger aufdringlich ist nebenan.de. Hier sucht man Babysitter, verleiht Fahrräder, lädt zum Skat-Abend ein oder – bietet Vasen an. Immer nur in der unmittelbaren Nachbarschaft. Hinter nebenan.de steht eine Stiftung, die Nachbarschaften fördern will. Das gelingt. Als ich aus dem Haus meiner Eltern ein Boule-Set über nebenan.de zum Verschenken anbot, lernte ich einen älteren Herrn kennen, von Beruf Makler, der mit Flüchtlingskindern Hausaufgaben macht. Er wollte mit den Bällen spielend Vokabeln pauken. Keine Ahnung, wie das geht, aber wenn ich mal Zeit habe, gehe ich ihn besuchen. Jetzt schon freue ich mich, dass mein Bild des deutschen Maklers spielend revidiert wurde. So geht Nachbarschaft. Und so wird man auch große Vasen los.

W Werkzeug

Rein strategisch empfiehlt es sich, das eine oder andere alte Werkzeug, das man im Elternhaus findet, parat zu haben, wenn die Besichtiger kommen. Während junge Mütter nach Bettwäsche, Geschirrspüler oder Gläsern gucken, kann man mit einer echten Werkbank von Opa die meist begleitenden Ehemänner beschäftigen. Und deren Unterstützung braucht man unbedingt, denn sie sollen ja möglichst viel in ihren Familien-Van einladen und mitnehmen. Ob das alte Werkzeug wirklich noch etwas wert ist, kommt drauf an. Museumskuratoren suchen bisweilen nach Gegenständen mit »verschlüsselter Erinnerungsbotschaft«, und das sind vor allem Werkzeuge, die ohne entsprechendes Wissen nicht eingesetzt werden können, so der Grazer Kulturanthropologe Burkhard Pöttler. Wenn Sie also im Elternhaus ein Sackausklopfgerät zum Entstauben der Mehlsäcke oder die Semmelstanze finden (weil Ihre Großeltern Bäcker waren) oder einen Gärspund zur Mostproduktion – dann lohnt sich die Nachfrage beim Heimatmuseum.

X x-beliebiger Rest

Was tun, wenn Auktionator und Antiquar schon da waren, Nichte Claudia und Cousin Jürgen? Wenn die Zeit knapp wird und das Haus immer noch voll ist? Dann kann man alle Freunde einladen ins Haus – jeder darf mitnehmen, was ihm und ihr gefällt. Richtig laut wird die Party, wenn Gäste dabei sind, die bald heiraten. Auch das aggressiv hässlichste Geschirr taugt auf jeden Fall noch für den Polterabend.

Z Zinn

Schon der griechische Gott Herakles baute seinen Streitwagen mit Zinn, Achilles seine Schiene am Bein. Ein wandelbares, über Jahrtausende beliebtes Metall, es kam in Amalgamfüllungen vor, als Teil von Medikamenten (zum Beispiel gegen Bandwürmer) und wurde an Silvester als Alternative zum Bleigießen eingeschmolzen. In unseren Elternhäusern steht es vor allem zur Dekoration. Krüge, Vasen, Kerzenhalter, Schnapsgläser, schwer wie Blei. Und genauso schwer liegen sie auch auf dem Flohmarkttisch. Der Geschmack hat sich verändert, Zinn stellt heute fast niemand mehr in seinen Schrank. Zahnfüllungen sind aus Kunststoff, orthopädische Schienen kommen mit ultraleichten Material aus. Aber vor allem: Es gefällt uns einfach heute nicht mehr. Drum ist auch ein Krug, den unsere Eltern für 120 Mark gekauft haben, heute bei eBay nur noch 10 Euro wert. Was tun? Packen Sie das Zinn in eine Tüte und bringen sie es zur städtischen Mülldeponie. Dort gibt es einen »Metallschalter«. Das Zinn wird gewogen, sie bekommen je nach Kurswert – das ist wie beim Gold und Silber – bis zu ca. 10 Euro pro Kilo. Und das alte Schnapsglas wird eine Maschine in einer Fabrik. Einen Streitwagen wird wohl kaum einer bauen mit der Maschine. Aber wer weiß – ein Fahrrad?

ZUM WEITERLESEN

Die Eltern werden alt

»**Seht zu, wie ihr zurechtkommt. Abschied von der Kriegsgeneration**« von Sebastian Schoepp.
Westend-Verlag 2018
Der Auslandsredakteur will gerade seinen Traumjob in Buenos Aires antreten, seine Freundin will dort ein Tangostudio aufmachen. Da kommt der Anruf: Mutter im Krankenhaus, Vater überfordert. Eine Odyssee durch Pflege- und Krankenhäuser beginnt. Der Auslandsjob ist weg, die Freundin bald auch. Ein sehr ehrliches Buch über unsere vollmobile Generation.

»**Mutter zieht aus**« von Karen-Susan Fessel.
Konkursbuchverlag 2018
Die Autorin, Jahrgang 1964, wagt den selben Sprung wie ich: Nachdem die Mutter im Treppenhaus stürzt, beschließt die Familie, das Haus aufzugeben. Die Mutter zieht aus dem Elternhaus aus, die Tochter rekonstruiert die Nachkriegs-Kindheit der Mutter. Bleibt sehr beim Einzelschicksal, aber ist warmherzig geschrieben.

Die Eltern sind gestorben

»Mein Vater, die Dinge und der Tod« von Rainer
Moritz.
Verlag Antje Kunstmann 2018
Rainer Moritz, Leiter des Hamburger Literaturhauses,
hat nach dem Tod seines Vaters dessen Möbel sortiert.
Die Dinge strukturieren seine eigene Erinnerung: Der
Sessel, der Fernseher, das Schachbrett oder auch die
Terrassentür erzählen, wie es zwischen den Genera-
tionen mal liebevoll, mal sprachlos zugeht, wie ein Fa-
milienleben in den Siebzigern sich am Vater ausrich-
tet, wie die Eltern alt werden. Wer in den Siebzigern
jung war, wird vieles wiedererkennen.

Kriegsenkel, Familiengeheimnisse und
transgenerationale Psychologie

**»Kriegsenkel. Die Erben der vergessenen Genera-
tion«** von Sabine Bode.
Klett Verlag 2013
Die Kölner Autorin schreckte zunächst mit ihrem
Buch »Kriegskinder« viele Familien auf, bei Lesun-
gen stellte sie fest: Traumata, Schuld und Verstrickung
vererben sich transgenerational an die »Kriegsenkel«.
Bode trat eine Welle von Veröffentlichungen zu die-

sem Thema los. Und wer heute im Freundinnenkreis vom Aufräumen der Familiengeschichte erzählt, wird immer auf dieses Buch stoßen. Und im Buch – eine Sammlung von Einzelschicksalen, auf unheimliche Bekannte. Also auf das Gefühl: Genau! So wars! Bei uns auch!

»Kriegskinder und Kriegsenkel in der Psychotherapie« von Luise Reddemann.
Klett-Cotta Verlag 2015
Das ist die Hardcore-Variante von Sabine Bodes »Kriegsenkel«. Luise Reddemann ist die führende Psychotraumatologin in Deutschland, sie hat ein besonderes Augenmerk auf weibliche Opfer. Wer eine Therapie erwägt oder selbst therapeutisch tätig ist, wird um dieses Buch nicht herumkommen: Es beschreibt trauma-auslösende Situationen und plädiert für eine sensible Erinnerungsarbeit mit PatientInnen verschiedener Generationen. Die Bestsellerautorin Bode (siehe oben) lobt zu Recht dieses eher fachlich gehaltene Standardwerk von Luise Reddemann mit den Worten: »Krieg hört nicht auf, wenn die Waffen schweigen. Krieg beschädigt nachhaltig die Beziehungsfähigkeit und damit auch die Beziehungen in Familien. Wer als Therapeut über NS-Zeit, Krieg, Vertreibung als Themen der eigenen Familienvergangenheit Bescheid weiß, kann seinen Patienten besser helfen. Luise Red-

demanns fundiertes Buch macht Mut, diesen Weg zu gehen.«

»**Ich bin hier, und alles ist jetzt. Warum wir uns jederzeit für die Freiheit entscheiden können.**« von Edith Eva Eger.
btb Verlag 2018
Eine spannend geschriebene Autobiografie. Eine der letzten Überlebenden des Holocaust, Expertin für das Posttraumatische Belastungssyndrom. Eine unfassbare Lebensgeschichte, die man in einem durchliest: Das Mädchen Eva hat Auschwitz nur überlebt, weil es für den KZ-Arzt Mengele tanzen durfte. Wie diese Frau später eine lebenstüchtige, warmherzige Psychologie-Professorin wurde und ihre Töchter so zu erziehen versucht, dass die das Trauma nicht weiterleben und weitergeben – Respekt. Chapeau. Wahnsinn.

»**Kibbuzkind. Eine deutsch-israelische Familiengeschichte**« von Lisa Welzhofer.
Edition chrismon 2018
Ein Briefroman. Die junge Stuttgarter Journalistin findet nach dem Tod der Mutter deren Tagebuch und entdeckt ein Familiengeheimnis: Der Vater ist ein Israeli, Lisa ist im Kibbuz gezeugt worden. Sie macht sich auf den Weg nach Israel. Und erzählt in Briefen an die nächste Generation ihre Familiengeschichte. Ich

habe das Vorwort geschrieben, habe die kleinen Welz-
hofer-Kinder und die Großeltern kennengelernt, eine
richtige schwäbisch-israelische Mischpoke.

»Die Kraft der Kriegsenkel« von Ingrid Meyer-
Legrand.

Europaverlag 2016

Ich war froh, als ich nach der Lektüre einiger eher ver-
störender Bücher dieses ressourcen-orientierte entdeckte: Die Psychologin, die mit »Biografiearbeit«
ihren KlientInnen hilft, den roten Faden in ihrem
Leben zu finden, richtet ihren Fokus auf die Stärken
unserer Generation. Ja, wir sind ruhe- und rastlos,
Folge der Fluchterfahrung unserer Eltern. Aber dafür sind wir flexibel, können immer wieder von vorne
anfangen. Wir bemühen uns, sinnvolle Berufe zu er-
greifen.

**»Die entschlossene Generation. Kriegsenkel verän-
dern Deutschland«** von Joachim Süss.

Europaverlag 2017

Man kann uns Kriegsenkel nennen oder Babyboomer. Uns, die Generation der heute 40- bis 65-Jähri-
gen. Das eine hört sich problembeladener an als das
andere. Sicher ist: Wir sitzen heute an den Schaltstel-
len der Macht in Politik und Wirtschaft, und im besseren Fall tragen wir unseren Wunsch nach Frieden und

Stabilität in diese Systeme. Der Theologe sieht uns als »Brückenbauer« mit dem Wunsch nach Versöhnung. Guckt man derzeit Tagesschau, möchte man anfügen: sein Wort in Gottes Ohr.

Wie räume ich richtig aus?

»Magic Cleaning. Wie richtiges Aufräumen Ihr Leben verändert« von Marie Kondo.
Rowohlt Verlag 2013
Die Japanerin hat mit ihrer rabiaten Aufräummethode schon viele Frauen (es sind ja doch vor allem Frauen) dazu gebracht, an einem trüben Frühlingssonntag alle Jacken in der Mitte ihrer Wohnung aufzuhäufen. Denn das ist die Methode: nach Kategorien aufräumen. Wenig nachhaltig (Frau Kondo rät zu viel Müll in Plastiktüten) und übertrieben amerikanisch (nein, man muss nicht das ganze Leben verändern. Der Schrank reicht völlig). Aber sehr inspirierend.

»Frau Magnussons Kunst, die letzten Dinge des Lebens zu ordnen« von Margareta Magnusson.
S. Fischer Verlag 2018
Schön aufgemachter kleiner Band mit der These: Lieber vor dem eigenen Tod selbst aufräumen, damit es später nicht andere für einen machen müssen. Das

schwedische Wort dafür heißt *Döstädning*, *Dö* heißt »Tod«, *städning* »reine machen«. Man könnte es übersetzen mit: sich befreien von Dingen, die einen nur belasten. Die Methode der schwedischen Grafikdesignerin ist deutlich einfacher als die von Marie Kondo: Was du nicht liebst, weg damit. Diese Botschaft würde auch auf eine Doppelseite passen, aber so sieht's hübscher aus.

Zitat auf S. 49 aus:
»Ach, diese Lücke, diese entsetzliche Lücke«
von Joachim Meyerhoff. © 2015,
Verlag Kiepenheuer & Witsch GmbH & Co. KG, Köln

 Dieses Buch ist auch als E-Book erhältlich.

MIX
Papier aus verantwor-
tungsvollen Quellen
FSC
www.fsc.org   FSC® C014889

Verlagsgruppe Random House FSC® N001967

2. Auflage
Originalausgabe März 2019
Copyright © 2019 by btb Verlag
in der Verlagsgruppe Random House GmbH,
Neumarkter Straße 28, 81673 München
Umschlaggestaltung: semper smile, München
Umschlagmotiv: © getty Images/malerpaso
Satz: Uhl + Massopust, Aalen
Druck und Einband: Friedrich Pustet, Regensburg
Printed in Germany
ISBN 978-3-442-75824-1

www.btb-verlag.de
www.facebook.com/btbverlag